安可乐和致命病毒

[法] 阿列克谢・卡沃金 / 著
(Alexey Kavokin)
几只青椒 / 译

浙江教育出版社・杭州

目　录

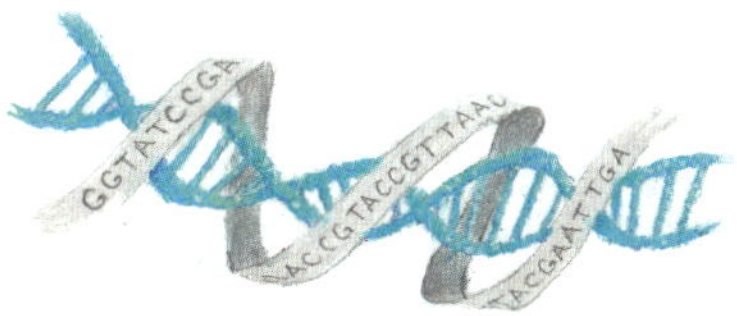

F
STUTTGART
BERLIN
HONG KONG
OSLO
CATANIA
PRAGUE
LYON

第一章　和爸爸一起旅行

早饭时，安可乐的妈妈宣布："你要么就和甜甜圈在家里待上整整一个星期，要么就跟你爸爸去参加整一个星期的会议。"

甜甜圈此刻很认真地在听。它是一只橘猫，是安可乐送给父母的结婚纪念日礼物。

安可乐暗暗思量："和爸爸一起去吧，我就不得不参加那些无聊透顶的会议和晚宴；但如果在家陪甜甜圈吧，也没什么好玩的。好难选择啊！"她最终宣布自己的决定："两害相较取其轻，我选爸爸吧！"

"太棒了，我亲爱的！"爸爸高兴地大喊，"我们去西西里岛。我们会住在海边，能吃到很多墨鱼！会议组还会带我们去一趟埃特纳山，那可是欧洲最高的活火山。"

"好吧，"安可乐说，"但墨鱼我是不吃的，您就别指望了。"

爸爸并没留意安可乐的这番话，他还是那么兴致盎然。

"你知道为什么免疫学大会今年在意大利召开么？"

"可能是会议组人员很喜欢吃墨鱼意面吧。"妈妈说。

"是的，但不光如此！"爸爸坚持自己的意见。他说："事情是这样的。'意大利(Italia)'这个词来自'小牛肉(vitello)'，表示这片地方到处是牛。而'**疫苗**(vaccine)'一词也就来自'牛(vacca)'。免疫学家经常和疫苗打交道，所以这个会议就自然要放到意大利召开。"

"真是胡说八道。"妈妈低语。

"我们会去游泳么？"安可乐问，"海水

疫苗

疫苗是一种帮助身体对特定抗原产生免疫力的药物。疫苗的开发通常始于研究出一种可用于测试的药物，然后是细胞培养和实验室动物的临床前试验。临床试验作为第三阶段。临床试验成功了，才可以开始疫苗的注册、认证和量产。

还暖和么?”

“当然了……”爸爸做出了自己的评估,立刻又被妈妈打断:“不可能!”

“好吧,我还是带上泳衣。”安可乐脑子里想着,“反正旅馆里总会有游泳池吧。”

飞机上,爸爸忙着重新整理自己的报告PPT,他的报告题目为《某地流感的第二波:免疫系统的发展以及疫苗接种的结果》。安可乐在爸爸身边,阅读着侦探小说。

“这是什么?”安可乐放下手里的书,询问爸爸。

“流感的**菌株**,它是由流感病毒通过抗原转变而来。”爸爸很乐意解释给安可乐听,“这场流感,夺走了数百万人的生命。”

“那这种流感是什么时候消失的?”安可乐问。

“是在五十年前。”爸爸说,“这种流感后来回来过几次,但因为大多数人已经对此有了免疫,所以就没有产生大流行。大流行的意思是,当一种疾病的蔓延不受控制,在世界范围内传播。免疫是指我们人体与病毒或细菌的对抗。一旦人体有了免疫,我们的T细胞就会和对应的病毒或细菌斗争,人就不会生那种病。”

“懂了。”安可乐说,“我们还要飞多久才能到啊?”

“飞机马上要下降了。看,我们正在墨西拿海峡上方飞呢。”爸爸看向窗外。

安可乐瞥了一眼那狭长的海峡以及陡峭的两岸。

“您开会要花很长时间么?”她问爸爸。

“当然不用了!”爸爸自我辩护,“我就把自己的那个报告做完。这个我不能不做的,对吧?然后我还要去听一些重要的全会报告。剩下的时间,我们就可以一起游泳,参观希腊剧场,吃墨鱼意面或海胆意面。”

“海胆意面还是留给您吧。”安可乐说,“我想去麦当劳。”

“好吧好吧。”爸爸心不在焉地答应了下来。

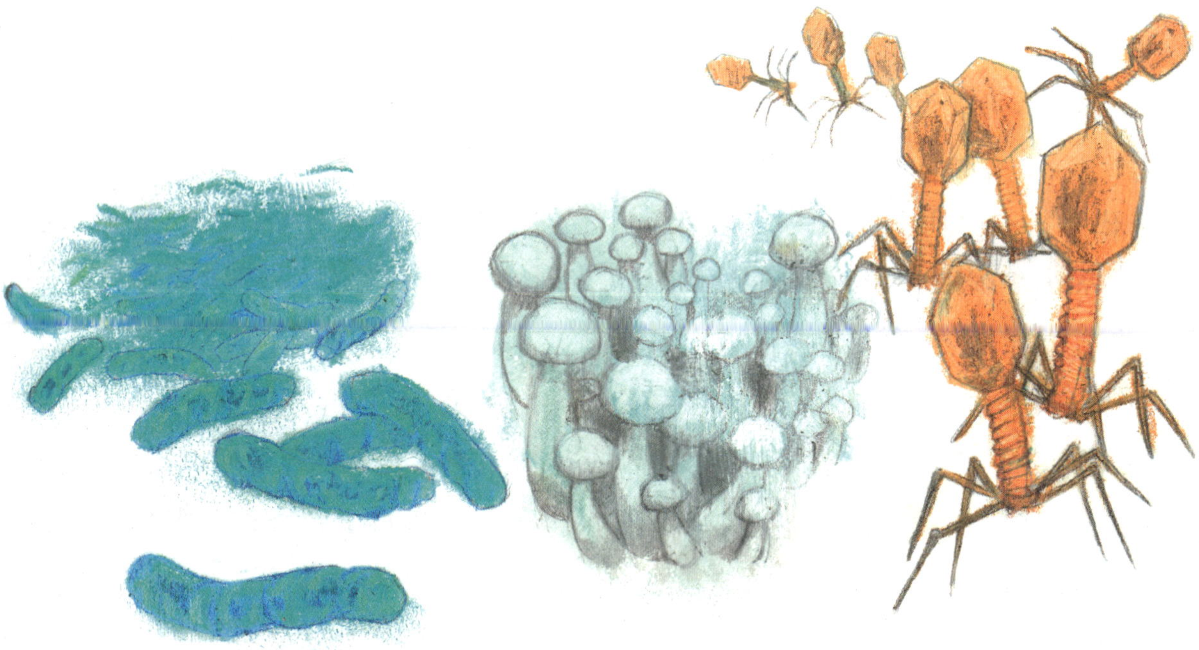

菌株

菌株是一群同种微生物(真菌、细菌或病毒),具有某些特定的性质,例如毒性、穿透人体细胞的能力、繁殖速度等。

这个旅馆看着很符合爸爸的喜好：古旧的家具、大理石柱子、从天花板垂下的吊扇。旅馆内部虽然没有游泳池，但室外有一个海滩和棕榈公园。到房间放下行李后，安可乐和爸爸来到旅馆大堂，在吧台买了冰激凌。爸爸和服务员说着话，安可乐想到要给哥哥埃涅阿斯打个电话。

“和爸爸一起旅行怎么样呀？”埃涅阿斯问得有些匆忙。他要去东京，正赶着登机。

“挺好，和以往一样。我以后再和你说吧，否则你要误机了。”安可乐决定不去打扰哥哥。她又给妈妈打了一个电话。

妈妈也正在忙。

她的语速很快：“检查一下枕头！你对羽毛过敏；要记得涂抹防晒霜；让爸爸给你买块浴巾，旅馆的浴巾是不允许带到外面的。你看还有什么需要注意的？”

“没了。”安可乐回答，“我们正要开始吃冰激凌，然后我们要去海滩。您出差怎么样？”

“不错。我等会儿要给董事会做个报告。晚上我会给你打电话的。”妈妈许诺。

正在此时，安可乐听到了一声狂喜的尖叫：“啊！这不是安可乐么！你都长这么高啦！你以后会比你爸还高的！但你也太瘦了！他们在英国都喂你什么吃的呀？”

这位是马可叔叔，安可乐的教父。安可乐站起身，礼貌地问候了马可。马可拥抱安可乐并亲了亲她的小耳朵。马可叔叔身形很大，是个秃头，他是一个生性乐观的意大利人。爸爸立马走了过来，手里拿着给安可乐的开心果草莓双球蛋筒冰激凌。爸爸和马可开始用意大利语交流。安可乐走开了，到旅馆门口看在棕榈树干上爬行的蚂蚁。

夜晚慢慢临近，太阳缓缓落山。棕榈树的影子交织着一些其他影子，投射下来，在旅馆的一个角落勾勒出树叶和铸铁栏杆的轮廓。

“也太凑巧了吧？”安可乐想，“为什么妈妈到美国的公务旅行、埃涅阿斯到日本的赛车比赛、爸爸来意大利的会议、我的学校假期都凑到了一起？如果我们都一起待在家里，看看电视节目，再上网点一份泰餐，那该多么开心呀！为什么我们每个人都要飞到别处？这些飞行会给大气层带来多少温室气体，北冰洋的积雪会因此而融化，海狮和北极熊会死掉。如果这个世界停下来一年，该多好！人们不要飞来又飞去，工厂关门，火车和汽车都不开动。另外，餐馆也不开，爸爸和马可叔叔在餐馆吃那么多肉，为此要养多少头牛，释放多少温室气体呀……”

想到这里，想到那个安静而清洁的世界，想到每个人都能待在家里看电视，安可乐哀怨地叹了口气，吃掉了剩下的蛋筒，回去找她爸爸。

第二章　会议开始

会议开幕前，那些来参会的科学家都会去海滩。安可乐和爸爸时不时停下来和一些人打招呼。安可乐注意到，四周的科学家大多数是胖男人，戴着眼镜，头发秃得明显。安可乐心里把他们和妈妈的同事做了一个比较。妈妈的同事都是苗条的女性，从外表都猜不到她们的年龄。于是，安可乐总结出一个令人沮丧的结论：科学不利于健康，脑力劳动会带来矮身高、胖体型，还会掉头发。

和其他教授比起来，安可乐的爸爸还算年轻，体型保持得也还可以。爸爸戴上游泳眼镜步入大海，四周环顾一下就全身潜入水中，很快不见了踪影。安可乐刚让水没过膝盖，全身就开始发抖，连忙上了岸。“十月底啊，已经十月底了啊。”她心想，“妈妈说对了，只有全身都有一层厚脂肪保护的人，才能在这里游泳。”

安可乐决定沿着海岸走走，时不时走进海里蹚一蹚水，再回到海滩。有两个长得很像的男孩正在用石头和贝壳认真地搭建城堡。安可乐经过时试着绕开城堡，其中一个男孩这时跳起身来，向她打招呼，态度极好。

“嗨！你是安可乐，对吧？”

“嗨！我是。”她回答说。

“我是贾尼斯，这是我的弟弟帕瓦洛斯。我们刚才在旅馆大堂看到过你。我们的父母是同事。”

“很高兴认识你们。”安可乐点点头，“你们来了有多久？”

“我们昨晚到的。”帕瓦洛斯加入了他

们的谈话。很显然,这两个男孩是一对双胞胎。安可乐估计他们是十二岁的样子。她长得比他俩高得多。

“我们会去听你爸爸关于流感的讲座。”贾尼斯说。

“真的么?还有人对我爸的报告感兴趣!”安可乐这么想着,不相信这是真的。虽然这么想,但她却说:“当然了,我也会去的。”

“我们从多萝西·克劳福德的书里学到了病毒学。”帕瓦洛斯告诉她。

“太棒了!”安可乐礼貌地称赞,“我得走了。晚饭见。”

她挥手和两个男孩道别,匆匆离去,讨论有关病毒的学术问题可不在她的计划里。

安可乐想着:“这是海滩上能聊的话题中最最最无聊的了。**病毒和细菌**这些微小的生物能让人发烧。这样,你就不得不待在家里好几天。每年新年都会暴发流感,每个人都会生病,因此妈妈让我们都注射疫苗。但爸爸解释过,病毒会变,会出现新的形态,叫作亚型还是什么的。这种情况会一直持续吧。不知道要等多久,免疫学家才能研究出一种超级疫苗,把所有的病毒都给消灭了。”

环顾海滩,安可乐觉得这些正躺在海滩上的免疫学家中,可能没有人能研究出那种超级疫苗来。

“如果研究不出超级疫苗,为什么还要组织这么多会议?飞来飞去,做报告,参加会议组织的参观与晚宴。我可不能步爸爸的后尘。而且,这个学年我也没有生物课。”安可乐思考着,“我也不愿意和妈妈一样做金融,因为我数学也不怎么样。”然后她继续自我审视,“我肯定不能去开赛车,家里有一个埃涅阿斯就够了。我还是做一个私家侦探吧!”

安可乐一边这么想着,一边走上旅馆的露台,在那里可以看到整个海滩。她的眼前突然出现了让人惊讶的一幕。一个穿着制服的官员模样的人,躺在两张桌子中

病毒和细菌

人们常常混淆病毒和细菌。其实，它们之间的区别甚至比植物与动物之间的区别还要大。细菌是由细胞组成的微生物生命体。地球上大约有一百万万亿细菌。细菌可以做很多好事，比如帮助我们消化食物。然而，有时它们会形成细菌性感染等情况，从而对人体造成伤害。病毒[来自拉丁语“毒药(virus)”一词]这种生物结构曾被一些科学家认为不属于生命体，因为它们不是由细胞组成的。它们懂得如何巧妙地融入活细胞并在其中繁殖。病毒经常改变它们所侵入的细胞，从而导致严重疾病。我们的身体拥有一种对抗病毒的武器——免疫细胞。

间的地板上。他睁着眼，正盯着什么东西看。他右手握着一个玻璃杯，里面还有一点香槟。

显然，这个人不久前才换成这种不同寻常的姿势。一个服务员从露台的另一头走来，走到这个人跟前，俯下身去，看着他的眼睛，然后用意大利语低声说：

“嘿，先生，你怎么了……”

接下去几秒钟，几个旅馆的住客聚拢到躺着的人身旁，显得十分焦虑。安可乐后退几步，继续观察。

“先生们，请不要碰任何东西。”服务员要求，并匆忙拿起手机按号码。

“马可……”服务员断断续续地说。他的意思是“快点来这里，一个客人昏迷了，在露台上”。

安可乐对自己说：“这个人的香槟被下毒了。下毒的人肯定还在附近。我需要找到装毒药的小瓶子，还有这个露台里所有人的指纹。”

安可乐挤出人群，拿出手机，迅速拍了几张照片：围拢到一起的人、服务小推车上盛着香槟的玻璃杯、从各种角度所看到的露台。

“我要利用它们来做调查！”安可乐满意地点点头，把手机放回口袋。

就在这时，马可叔叔冲上露台，大喊：“意外，意外！”他身边还有几个旅馆工作人员。他们把人群推开，并给警察打了电话。他们的说话声音很大，还不停地打断彼此，用手比画着，十多部手机同一时间给各方打电话。趁在场所有人都还在那儿困惑不解，安可乐有条不紊地检查了露台角落的棕榈树，可她没找到装毒药的瓶子。

此时，马可叔叔和助手们已经控制住了露台上的局势。安可乐避开了他的视线，走到角落拿出手机。这个时候，手机铃声突然响起。

“你都好么？”妈妈问。

“我觉得还行。”安可乐回复，“您的报告做得怎么样？”

“很棒！”妈妈兴奋地说，“我们总裁希

望我来负责整个欧洲的业务计划。"

"了解了……那您需要待多长时间?"

"我会再待几天。怎么了,你已经想念我了?"

"并没有,这里也不无聊。"她让妈妈放心,"欢迎宴会就要开始了,我要走了。"

挂断电话时,安可乐感觉有人在盯着她看。她马上转过身,面前的女士戴着一顶黑色帽子,手套也是黑的,看上去很优雅。这位女士端着一个盘子,盘子上有三份提拉米苏。

"请吧!"她说。

安可乐从来不接受陌生人的东西。

"我不饿,谢谢。"安可乐拒绝了。这位女士继续看着她。安可乐就问:"不好意思,我们认识么?"

"算是吧。"她避开了问题,"你叫什么名字?"

"安可乐。"刚说完,安可乐忙补上一句,"对不起,我得走了。"

"见到你很高兴,安可乐。"这个陌生人说道。安可乐转身迅速走向露台大门,背后传来了陌生人说的"待会儿见"。

回到旅馆大堂,安可乐刚松了一口气,就见爸爸看起来很着急,衣冠不整地向她走来。

"你都在哪里?我还担心你一个人在海里游泳。"他说。

"我没游,水太冷了。"安可乐解释说,爸爸愉快地点了点头。

爸爸急切地分享了一个惊人的消息:"你能相信么?我们全会报告的第一位报告人昏迷了!他被送去医院了。马可说他可能是中毒了。"

"是呀,香槟。等会儿欢迎宴会上不要喝香槟!"

"那我不喝了。"爸爸表示同意,"我们可以躲开欢迎宴会,去一家名叫'意大利比萨'的比萨店。你不会反对吧?"

"不反对,我们现在就去。"安可乐表示同意。

十分钟后,他俩已经坐在比萨店的桌

子边了。这家比萨店的桌子上铺着纸质桌布。比萨店的服务员记下了他们所点的比萨后走开了。这时,安可乐拿出手机,给爸爸看她早些时候拍的照片。

“您能告诉我,这里面您都认识谁么?”她问。

“好的。马可叔叔你已经认识了。其他的还有中国教授曹经纬,他是非常有名的抗体专家;这两个是免疫学家,让-克洛德和尚塔·塞居尔,他俩都来自‘免疫之星’,一家医药公司。”爸爸指着其中一个穿着条纹T恤背朝镜头的年轻人说:“这个人我不认识,或许是个博士后……还有这个人,他是著名的美国免疫学家斯科特·德维尔,明天他在全会报告中第二位出场。”

“他们中谁会有动机想要毒害第一位演讲者呢?对了,他叫什么名字?”

“路易吉·卡拉乔拉。他们确实都互相讨厌。不过也不至于讨厌到要在谁的香槟里下毒的程度。”

第三章　安可乐的调查

这天晚上没有发生别的什么事。回到旅馆房间后，安可乐仔细听了一阵子从走廊传来的声音，但走廊上的人大都说着意大利语，安可乐的意大利语还不熟练，无法从这些谈话中获取有效信息。爸爸在笔记本电脑上整理他的报告，安可乐在平板电脑上看了半小时“城市里的女巫”系列，就蜷起身子睡着了。

安可乐做了一个奇怪的梦。她梦到自己从旅馆很宽的台阶走下来，想要找到旅馆提供早餐的地方。这时，好多陌生人朝她走来，他们有些奇怪。等他们靠近之后，安可乐发现奇怪在哪里了：那些人都戴着口罩。口罩是最简单的那种，长方形，白色或蓝色。这些口罩盖住了他们的鼻子和嘴。安可乐回头看到了爸爸，他也戴着一个口罩，看起来不太开心。爸爸的眼镜上起了雾，于是他拿下眼镜，用衣服袖子擦了擦又戴了回去，把口罩边仔细地塞到眼镜框底下。所有下楼梯的人都走向门卫，并伸出自己的右手。门卫戴着黑色口罩，拿一个看起来像是电动牙刷的塑料器件靠近第一个人的手腕。然后，他会看一眼这个器件的小屏幕，点头表示满意后才会放行，再检查队伍中的下一个人。轮到安可乐了，她伸出的手都快要碰到那个器件了。突然之间，门卫挺了挺身，严肃地看着她。

“你必须在那里等候。”他对安可乐说，随后指向角落的一张椅子。

“女士们、先生们，从这边来，不要拥挤。”

旅馆的访客匆匆离去，小心翼翼地瞥

一眼安可乐。很快,台阶上只剩下门卫和她爸爸。爸爸走向安可乐,但被门卫拦住了,门卫低声说"为了她自身安全着想"。随后,旅馆的门被甩开,进来了两个奇特的人。一开始安可乐以为他们是外星人,但随后她否定了,因为外星人不可能对彼此说意大利语。他们穿着亮眼的白色纤维服,身形无从判断,戴着头罩和厚厚的护目镜,脸被面罩完全遮住,几乎看不到他们的眼睛。他们靠近安可乐,弯下腰。

"你多大了?"其中一个人问。

"十三岁半。"安可乐回答。

"跟我们走。"另一个人下了命令。他打开旅馆大门,一辆救护车开了过来。

"没有父母的许可,我哪里都不去!"安可乐回复得很坚决,然后看向父亲,但父亲似乎消失了。

"爸爸,爸爸!"安可乐呼唤他。

"怎么了?"他吼了一声。

然后,安可乐就醒来了。

"怎么了? 你从床上掉下来了?"爸爸问。

"没,没什么……您的报告,我们不会迟到吧?"安可乐问。

"睡吧,才早上五点。"爸爸回答说。

安可乐翻了个身,想要再度入睡,但她睡不着了。在床上翻来覆去半小时以后,她拿出了手机,开始给埃涅阿斯打电话。

安可乐想:"日本在不同时区,所以如果这里是晚上,那里就是白天了。"

"天哪,你怎么没在睡觉呢?"埃涅阿斯感到很惊奇。

"我做梦梦到人们都穿着白外套,戴口罩和护目镜。据你所知,谁会这么穿呢?"

"白外套?"埃涅阿斯思考着,"医生通常穿白大褂。他们面对感染或者有毒材料时,会戴口罩和护目镜。"

"对了!"安可乐终于想明白了,"我知道为什么我会做这个梦了! 这次全会报告的第一位发言人昨天晚上中毒了,有人在他的香槟里下了毒药。"

"是的。"埃涅阿斯肯定道,"如果有人

中了毒，警察通常会喊来全副武装的化学专家。很奇怪，他们没有清空整个旅馆。”

“确实奇怪。”安可乐表示同意，“好吧，我明天会弄清楚的。再见了！”

又翻来覆去了半小时以后，安可乐终于又睡着了。这一次，她没有做梦。又过了一会儿，爸爸开始发出窸窸窣窣的声音：洗脸、刮了好长时间的胡子。然后，他穿上西装，打上领带。安可乐揉揉眼睛，看了看手机，已经是早上八点了。

“赶紧，爸爸，我们迟到了！”安可乐叫了一声，冲进洗手间。

爸爸并没有马上理解他们怎么就迟到了，但他还是马上把笔记本电脑塞进背包，做到万事俱备。

“会议开始还有四十五分钟。”安可乐提醒他，“然而我们还没有吃早饭。”

“是的，亲爱的。”爸爸表示同意，但有点心不在焉，他没料到自己的女儿对早饭会这么有热情。

与此同时，安可乐已经制订了一个清晰的计划。她一进餐厅就离开父亲，去点了一杯卡布奇诺，然后马上去找帕瓦洛斯和贾尼斯。这两个男孩正安静地排着队等煎蛋。

“嗨！请你们告诉我，关于路易吉·卡拉乔拉你们都知道些什么。”安可乐对他们说。

“我们读了他的报告摘要。”贾尼斯回答，“他的报告是关于**合成病毒**的。”

“不幸的是，他昨天昏倒了。”帕瓦洛斯说，“他被送进了医院。所以今天第一场报告由德维尔教授发言。”

“那卡拉乔拉教授还活着么？他是怎么中毒的？”安可乐着急地问。

“是的，他活着呢。”贾尼斯快速回答，显然是想安抚安可乐的情绪，“他已经恢复意识。他经历了一种**过敏**性休克。昨天晚上他吃了什么东西吧，或许是牡蛎，或许是海胆。”

“你确定么？他不是被香槟毒到了？”

“不，我不这么认为……”

合成病毒

合成病毒是实验室里创造的病毒。合成过程包括以RNA分子的成分组装特定的病毒基因组，然后将组装完的结构引入活细胞。如果合成成功，加入病毒基因组的细胞会开始产生病毒颗粒。通过使用病毒的合成副本，人们可以开发合成疫苗。

过敏

过敏是身体免疫系统对外来抗原不适当的或过度的免疫反应。轻度过敏反应可能只是皮肤瘙痒、出现皮疹、鼻塞、胸闷等，而重度过敏反应可引起呼吸困难、腹部痉挛、休克甚至死亡。对于重度过敏反应患者，有时一针肾上腺素会有较好的效果。

安可乐离开了两个男孩，老鹰一般环顾餐厅，认出了马可叔叔的秃脑袋。下一刻，她已经开始拽他的袖子了。

“你想要什么呀，我的宝贝?”马可叔叔问道。他的发音带着浓重的意大利口音。

“马可叔叔，卡拉乔拉教授真的是过敏性休克么?”

“天哪，是的!”马可叔叔大声说，“我给了他来自卡塔尼亚的最棒的海胆。路易吉吞下后立即蓝了脸。我就建议他去喝点香槟。他走到露台上，一分钟后人就倒下了。你没法想象我们当时多么恐慌……”

安可乐又一次感到有人正在盯着她，还没有听完马可叔叔的故事，她就转过身去，又是昨天的那个陌生人。这位女士今天戴一顶白色帽子，手套也是白的，她端着一碗水果。

“早上好，安可乐!”她微笑着。

“早上好。”安可乐礼貌地回复，低声说，“对不起，我爸爸在等我。”然后，她就跑开了。她知道自己在害怕什么东西。

安可乐是个勇敢的女孩，她几乎不怕任何东西，但这位戴帽子的女士才第二次出现，却让她手心发冷，脖子和手臂上起了鸡皮疙瘩。

安可乐一边在桌子间穿行，一边整理自己的思绪。“我在怕什么?”她自问，“这个陌生的女人能对我做什么不好的事情呢?不过，万一她是个女巫呢?”安可乐回忆起关于女巫的美国电视剧。“不，胡说八道!”她断了自己这个念头，坐在了爸爸身边，服务员正好送上了一杯卡布奇诺和一杯鲜榨橘子汁。

第四章　全会报告

安可乐爸爸作的不是全会报告，而是受邀报告。这也是件挺光荣的事，所以爸爸特意系上妈妈去年过年送他的领带。领带上有羊和猪的图案，这让爸爸看起来略有点轻浮。

“一个真正的科学家，就得看起来疯狂一点。”爸爸向安可乐解释为什么自己选择这一条特殊的领带，“比如，你还记得爱因斯坦吧……”

早餐后，他俩进了大堂，爸爸在那里收到一个证章——一个带别针的铭牌，上面写着他的名字，他还收到一袋会议资料。然后，他们走进会议室坐下。位置选在靠近走道，方便安可乐感到无聊的时候随时逃开。会议开始后，安可乐翻看起爸爸袋子里的会议资料。她注意到第一页上卡拉乔拉教授的照片——他看起来很严肃，系着领带，戴着眼镜。照片下面有一行字：路易吉·卡拉乔拉，**T细胞**实验室，博迪西门子大学。

“爸爸，什么是T细胞？”安可乐问。

“这是一种淋巴细胞。”爸爸看着台上悄声说。这时，开幕式已经开始了。

“能再具体一点儿么？”安可乐问。

“它们负责免疫；它们摧毁抗原；它们和细菌、病毒作斗争……”

前面几个人回过头，看了看他俩。委员会主席宣布会议开始，第一位演讲者斯科特·德维尔登台。

安可乐很认真地尝试仔细听他的报告。起初，德维尔教授感谢组织者邀请自己参会，然后表达了对同事卡拉乔拉教授

T细胞

T细胞即T淋巴细胞，是人体中负责细胞免疫的细胞，分为辅助性T淋巴细胞和抑制性T淋巴细胞。T细胞在调节免疫系统和抵御病毒感染中发挥重要作用。

的缺席感到遗憾，他代表所有与会人员祝卡拉乔拉教授早日康复。到这里，安可乐能听懂的部分就结束了，接下去的内容让她十分困惑。安可乐不理解细胞毒性、T细胞和调节性B细胞的区别，所以打算悄悄溜走。正在这时，安可乐注意到第二排的一把椅子上坐着一只黑猫！实实在在来听免疫学报告的猫可是不多见的呀。

“它是从哪里来的？”她震惊了，“昨天旅馆并没有猫，至少旅馆里面没有。它在这里干吗呢？”她想把猫指给爸爸看，但他没听懂，做出一副奇怪的表情。于是，安可乐就轻轻地呼唤“小猫小猫”。

猫转过身来，凝视了安可乐片刻，又回头看大屏幕了。德维尔教授正在展示用电子显微镜拍摄的T细胞照片。

“我得和妈妈讨论一下。”安可乐做了决定。她安静地从座位起身，尽可能弯低身子跑到门口。从会议室出来之后，她挺直身板，深深地呼了一口气，但她立刻就被惊呆了。她看到一大群穿着漂亮黑色制服、系着白色腰带的警察，他们在旅馆大堂忙碌。其中一人正在用三脚架架起的大相机拍照，还有人在查看文件。吧台那里，坐着马可叔叔和一位穿着灰色西装的人。他们边讨论，边小口喝着厚玻璃杯里黄色的酒水。

“可恶啊，我不懂意大利语。”安可乐自言自语，躲在靠近会议室大门的酒红色窗帘后面，希望能发现一些有趣的东西。

好一阵子过去了，并没有发生什么不同寻常的事情。马可叔叔比画着讲了一个故事给穿西装的人听；警察忙于文档记录；摄影师收起三脚架，朝着楼梯走去；另一个警察向摄影师走去，说了几句话后向吧台走来；摄影师走上了楼梯。

就在此时，一只戴着白手套的手搭上了安可乐的肩膀。因为发生得太突然，安可乐穷尽嗓门喊出声来。警察全都朝她赶来。马可叔叔故事讲到一半，一句话还没说完，就从吧椅上跳了下来。这时候，白手套从肩膀上消失了。安可乐尴尬地陷入沉默。马可叔叔满脸担心这时变成了一个微笑。

“这是我们的安可乐，警官！欢迎欢迎！”然后就把自己的教女介绍给了这个穿西装的人。

“安可乐，你为什么叫得这么大声？”警官用英语问她。

“对不起先生。有人把手放到了我的肩膀上，我吓到了。”安可乐一边环视一边解释。那个狡猾的女巫(不然还会有谁)消失了，就像从来没出现过一样。

“真的么？”警官感到奇怪，“可是这里只有我们在呀。”

“是的。”安可乐表示同意，“我很抱歉，我的尖叫让您从案子上分心了。”

“安可乐是我们的编外工作人员。”马可叔叔出乎意料地接上了话，“她非常善于观察。告诉我，除了那只手，你还看到什么可疑的了？”

“我看到一只黑猫坐在会议室里……”安可乐开始叙述。看着警官的反应，她意识到也许他们觉得自己是个疯子。为了摆脱这种形象，她马上加上一句：“还有一件事。昨天，卡拉乔拉教授倒在露台上的时候，我拍了照片，照片里有一个穿条纹T恤的人，这个人是爸爸不认识的。”

警官明显对最后这条消息感兴趣。

“能给我看看照片么？”他问。

安可乐拿出自己的手机，找到了前一天拍的照片，让警官和马可叔叔看。

“除了这个人，爸爸都认识。这个人曾距离昏迷中的卡拉乔拉教授最近。”

“那你认识这个人吗？”警官问马可叔叔。马可叔叔皱起了眉。

“不……这可不像是我们的员工。如果能拍到脸，就会好认些……”

“他有没有弯下身去触碰躺着的人，或者从地上捡起来什么东西？你还记得么？”警官问。

安可乐摇了摇头。

“我拍完照，就去检查棕榈树了，没再看那些涌上露台的人。”

“我想知道，你为什么要检查棕榈树呢？”警官惊讶地问。

“我在寻找毒药瓶子。”安可乐解释说，“请您告诉我，教授丢了什么东西么？”

“是的，他口袋里的房间门卡没了。”马可叔叔的话头未落，就被警官一个冷峻的眼神瞪了回去。

“他的房间门卡？所以有可能房间里少了什么东西。他在医院一醒来就开始打听……是不是笔记本电脑？”安可乐猜测。

“警官，我就说嘛，这个姑娘适合当侦探。”马可叔叔欢呼，“英国的马普尔小姐（英国一部侦探小说中的角色），我看还比不上我们的安可乐呢！”

“非常感谢你，安可乐。你帮了我们不少忙。”警官说，“我们现在更容易理解这里到底发生了什么事情。我们就不多留你了，你是想要去海滩吧？”

安可乐意识到，警官不想透露给自己更多关于调查的保密信息。于是，她礼貌地点了点头，就向楼梯走去。她还试图走得端正，以符合自己英国女校学生的人物设定。走开一定距离，确认马可叔叔和警官这时没在看她后，她突然开始快跑。跑跳几步她就到了二楼，环顾四周，看到走廊右侧有一扇门半开着。

安可乐屏住呼吸，踮着脚走到门口，看到房间里有两个人：一个警察和一个摄影师。警察在填写一个表格，摄影师正在打开三脚架。安可乐凑近了观察，发现这间房间很普通，睡衣在床上，行李箱在角落里。

“这就是了！这就是了！”她的脑海里欢呼着。

墙上的电源插座上插着一根充电线，看起来是笔记本电脑的，但房间里并没有笔记本电脑。

“把我比作马普尔小姐了？”安可乐一边激动地喃喃自语，一边走回自己房间。她把门紧紧关死，拿出手机，给妈妈电话。

“你想干什么？”妈妈生气地问。安可乐突然意识到，美国此时还是凌晨。

“请找找，博迪西门子大学卡拉乔拉教

授在笔记本上可能会有什么秘密信息。”安可乐礼貌地要求，“这很重要。对了，还有件事情，一只黑猫听免疫学讲座，您觉得这正常么？”

“把这位教授的姓名发给我，你想知道他的什么？”妈妈问，“那只猫的事情，你去问爸爸，他是免疫学家，我又不是。”

“嗯，可是……”

“晚安吧。”妈妈打断了安可乐的长篇大论，挂了电话。

第五章　冠状病毒

事情一件接一件发生，有些事情还叠到了一起，此刻暂时中断了。安可乐独自坐在床上，手里握着手机。全会报告还要整整一个小时才结束，她觉得这段自由时间是真正的幸福。从开始西西里旅行到现在，这还是安可乐第一次有机会整理思路、分析情况、制订计划。

安可乐拿起带着旅馆标志的信纸，又拿起旅馆为客人削得很漂亮的铅笔，写下大大的几个字：

“偷笔记本电脑的可能会是谁？”

思考一阵子后，她写下了五种可能性：(1)竞争对手；(2)恐怖分子；(3)黑手党；(4)巫婆；(5)其他人。她把这张纸分为5栏，开始制订行动计划。

第一栏“竞争对手”的下面，她写下“了解全会报告，咨询爸爸”。第二栏“恐怖分子”下面，因为缺少数据，她计划去找照片上出现的那个穿条纹T恤的年轻人。她吸了一口气，在第三栏写下“和马可叔叔谈谈”，又在第四栏写下“跟踪巫婆，了解那只猫”。最后，她在第五栏写下“看看妈妈怎么说”。

这个计划还不赖，安可乐满意地点点头。我从哪里开始呢？在这种情况下，埃涅阿斯总会建议从最简单的开始。

安可乐思量，首先她得看看窗外。拉开窗帘，她发现原来可以从房间走到一个阳台上。这个阳台上有一张白色桌子和两把柳条椅子，阳台四周有铁栏杆包围。安可乐走到栏杆跟前，享受温暖而新鲜的西西里岛空气。这儿的空气里带着大海、橘子、意面酱的味道。最后这种气味，明显是从餐厅的排烟管道里出来的。

从阳台上看不到海。阳台对着的是一个花园——一个很小但很美的花园，里面种着棕榈树、仙人掌、柏树、橘子树，太阳伞下还有几把白色的柳条椅子。

“这是四号。”安可乐看到一个戴白色帽子的女人，正缓缓沿着大理石小径走着。为了以防万一，安可乐坐了下来，躲在铁栏杆和柳条椅子后面，尽可能不让自己被看到。此时，这个“女巫嫌疑人”走到了小径的尽头，她转过身，开始朝相反方向走。一会儿后，她停下脚步朝一个人招手。安可乐发现是马可叔叔沿着小径朝她走去。马可叔叔的秃脑袋反射着太阳光，当他靠近“女巫”并俯首问候时，安可乐甚至看到太阳光被反射到了旅馆的墙壁上。

“好的，三号嫌疑人就在那里。”安可乐跟自己说。

她没听到“女巫”和马可叔叔在谈论什么，但从马可叔叔的体态姿势上，安可乐猜想这是一场令人愉悦的对话。这个“女巫”也在摆各种姿势，而且显然在笑。然后，她挽住马可叔叔的手臂，一起朝旅馆走去。不久，他俩淡出安可乐的视线。

“这说明什么呢？”安可乐自问，“不知道呢。无论如何，教授发生意外时，他俩都不在露台上。马可叔叔后来才现身。”

安可乐口袋里的手机响了，是她妈妈来的短信：“实验合成**冠状病毒**毒株。”安可乐回复了“？”。妈妈解释说：“这是他们正在研究的。”安可乐礼貌地回复“谢谢”后离开阳台，把“冠状病毒”写在行动计划的纸上，然后去找爸爸。

回到大堂，安可乐发现警察都已经走了，大堂里有很多从会议厅涌出来茶歇的科学家。安可乐要找到爸爸可不容易：他站在一盘番茄涂油面包片前。爸爸一边嚼着他的面包片，一边和一位教授谈话，安可乐认出来这就是照片上的中国教授曹经纬。安可乐严肃地看了眼父亲，然后走开了。但爸爸注意到了她，和曹教授说了声

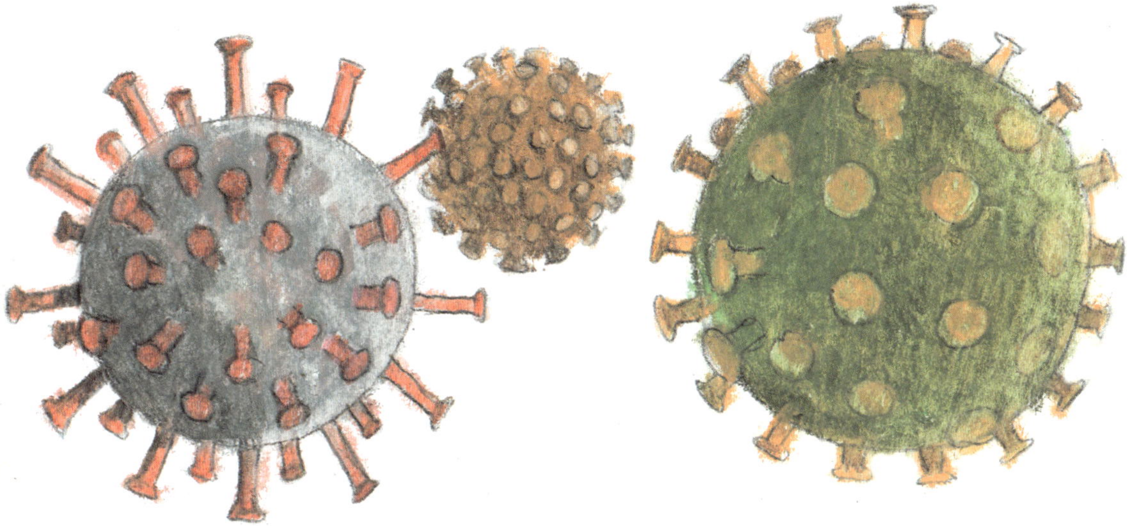

冠状病毒

冠状病毒是一类球形病毒，其表面具有棒状突起（刺突），形似皇冠，所以叫“冠状病毒”。靠着这些刺突，冠状病毒可以附着在活细胞的受体上，然后渗透到细胞膜下，增殖并最终破坏细胞。在四十多种已知的冠状病毒中，只有少数对人类有危害。

抱歉，就朝安可乐走来。

“都还好么？我希望你别觉得太无聊。”他说。

“不无聊。和我说说冠状病毒吧。”安可乐说。

爸爸的情绪一下子就起来了：“哦，很高兴你提起这个！冠状病毒是病毒的一类。它们仅感染鸟类、哺乳类等脊椎动物，包括人。冠状病毒一共有四十多种，首次发现冠状病毒是在20世纪20年代。从人体中分离出冠状病毒，是1965年的事。从患鼻炎和小肠结肠炎的人身上可以找到冠状病毒。”

“为什么叫这个名字？它看起来像顶王冠么？”安可乐问。

“是的，看起来像太阳的皇冠——日冕！”爸爸确认，“它是一个大球，直径有万分之一微米，表面有刺突。这些刺突让它容易附着到活细胞受体上。”

“您知道么？路易吉·卡拉乔拉参与了实验室合成冠状病毒。”

“不，我并不知道。”爸爸回复说，“事实上，很多实验室都会培育病毒。这有助于针对性地研制疫苗。例如，2002年纽约州立大学合成了脊髓灰质炎病毒。”

“了解了。”安可乐点头说，“您还要回去开会么？”

“是的。”爸爸急速说，“我的演讲是下一个会议议程中的第一个。我得走了，茶歇基本结束了。”

安可乐和父亲一起步入会议厅。她是想看看那只猫还在不在，还想找帕瓦洛斯和贾尼斯。况且，她去听爸爸的讲座，爸爸会高兴的。

以上三件事，只有第一件做起来容易。之前猫占据的第二排那把椅子现在空着。考虑一会儿后，安可乐坐上了那把椅子，然后用手到处摸。不久，她就找到了一根又长又黑的猫毛。安可乐从会议资料册中撕下一张纸，包起猫毛，放进口袋。

正在此时，爸爸笨拙地登上台，想把笔记本电脑连上投影仪，一开始还没成功。

最后，还是这个议程的主席（就是那位中国教授）帮了忙。大屏幕上出现的，是安可乐第一次上学时的照片。会场里的科学家们开始小声议论。爸爸有点尴尬，在键盘上按了半天，最终，他的演讲标题出现在了大屏幕上。

安可乐出于礼貌听了一分钟，这一分钟里，爸爸提醒听众1968年那场可怕的流感，两周内就在一个城市感染了50万人，然后在全球传播，对65岁以上免疫系统弱的老人是致命的。当爸爸讲到第二波流感时，安可乐悄悄滑下座椅，尽可能弯下腰，沿着过道到了房间中央——那里坐着贾尼斯和帕瓦洛斯。

这两个男孩听安可乐爸爸的讲座听得很认真，甚至还记了笔记。安可乐的出现并不让他俩特别开心，但两人都友好地向她点头示意，不过目光都没离开大屏幕。

如果换了平时，安可乐会后悔自己的行为，而不会去打扰专心致志听讲座的男孩。但她实在太受笔记本电脑被偷这个谜团吸引了。

“贾尼斯，你知道合成病毒的事么？”她悄声问。

“我是帕瓦洛斯。你想知道些什么？”

“我想知道的是，谁会对这些病毒感兴趣，以至于为了认识这些病毒不惜犯罪。”

帕瓦洛斯警惕地看着她。

“什么犯罪？我什么都不知道。”

“好吧，好吧。那么合成病毒为什么那么有意思呢？”

“我们能稍后再讨论么？”帕瓦洛斯恳求。

“我知道答案了就会立刻走。”安可乐坚持。

“或许，他们感兴趣是因为病毒可以被加工成生物武器。”帕瓦洛斯低声说，然后把头转向大屏幕，清晰表达了谈话已经结束的意思。

安可乐快乐地点点头，朝出口移动。在门口，她看了台上最后一眼。爸爸正以极大热情做着报告，没有看时间，虽然议程主席已经站在他旁边做出看表的动作。

“可怜的爸爸！”安可乐叹了口气，“他总是话太多。”

第六章　生物武器

离开会议厅之后，安可乐又一次身处宽敞的旅馆大堂中。此时，大堂似乎被众人抛弃了一般，冷冷清清。马可叔叔正和德维尔教授兴高采烈地说着什么，后者喝着一杯绿色的鸡尾酒，略显心不在焉。安可乐正要穿过大堂到室外，但还没走一半，吧台那里的情况发生了变化。德维尔喝完了那杯鸡尾酒，匆忙要赶去什么地方。马可叔叔说："再见，斯科特。晚饭时候见。"然后，马可叔叔就关注起安可乐了。

"宝贝！到这里来吧。"他点头说。

安可乐除了去他那里，没别的选择。

"你想吃冰激凌么？"马可叔叔问。

"是的，谢谢！"于是，安可乐向吧台服务员说，"开心果和草莓冰激凌，谢谢！"她心里想着反正她需要问马可叔叔很多问题，不如这就开始行动。

安可乐爬上高高的吧台凳，颇有技巧地询问："马可叔叔，和我说说，可怜的卡拉乔拉教授昨天从阳台上被拉去了哪里？"

"哪里？首先，我们把路易吉拖到大堂，把他放到沙发上，然后我试着让他恢复过来——向他脸上洒柠檬水，在他太阳穴上放冰块。后来，救护车就到了。他们给他注射了**肾上腺素**，并把他带到了医院。"

"之后，他就立刻恢复了么？"

"是的，几乎是立刻恢复了。然后他就问起了自己的笔记本电脑。"

"谁陪他去的医院？"

"我陪他去的！"马可叔叔自豪地说。

"那么，您很清楚他问起自己的笔记本电脑后发生的事情喽？"

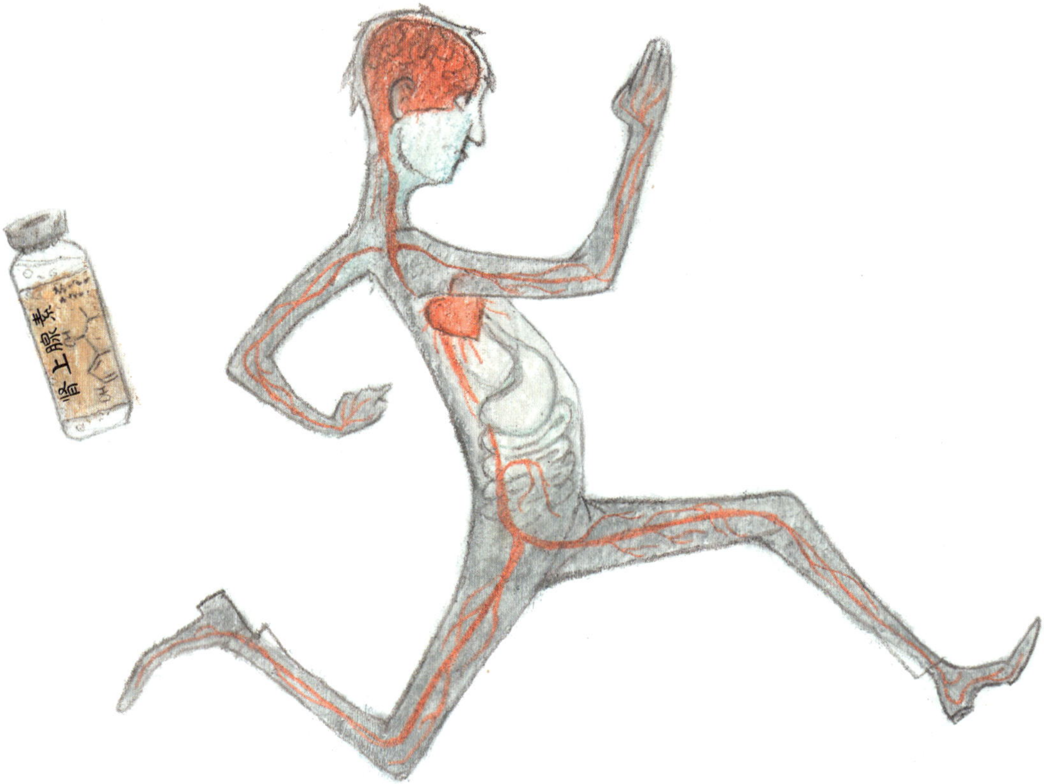

肾上腺素

肾上腺素是激素的一种，是人体内产生的生物活性物质。肾上腺素可以收缩位于腹部的血管，让血液流向大脑和心脏，从而造成短时间内的能量爆发，调动起精神和力量。

“当然了！我告诉他：‘我会把笔记本带给你的，没问题，给我你的房间门卡。’然后，他就到衣服口袋里找门卡，但找不到了。我就给旅馆打电话，让服务员去房间里取笔记本电脑，并尽快拿来医院。也就是这个时候，我们发现笔记本电脑丢了。有人从他的房间把它拿走了，就是在我们去医院的那段时间里。”

“您有怀疑对象么？”

马可叔叔不好意思地看着安可乐：“如果没有你和你的照片，我就什么都不知道了。现在看起来，最有可能的是穿条纹T恤的那个人，警察也在寻找他。”

“寻找他？但警官甚至没有要求我发他照片。”安可乐震惊了。

“专业人士的工作方式不一样。”马可叔叔不带感情地说，“他们从旅馆监控中找到了这个人，从门卫那里了解到他并不是旅馆的客人，不住在这里，然后他就上了通缉名单。很快，很高效！”

“我也想看监控视频……”安可乐说。

“天哪，这我可帮不了你。”马可叔叔摆出了一个无可奈何的姿势，“还要冰激凌么？”

“不了，谢谢。请告诉我，戴白帽子的女士是谁？您和她在花园里聊天呢。”

“戴帽子的女士？”马可叔叔惊讶地说，“哦，是的！是我的一位老朋友了。她是生物武器的专家，来自马里兰州的艾薇拉·塞西里迪博士。”

“生物武器？”安可乐大声说。

“别告诉别人。”马可叔叔变得有点焦虑，“这是个秘密。你不会和别人说的，对吧？”

“好的，我不说。”安可乐不情愿地做了保证。

马可叔叔忽然忙了起来。“晚上见，我现在得去医院看看路易吉。”

“好的，多谢您的冰激凌。”安可乐向他道了谢，并从吧台凳上下来。

马可叔叔冲向大门，安可乐慢慢地挪到沙发边。卡拉乔拉教授前一天晚上就在这里躺过。安可乐在沙发旁站了一会儿，她发现座椅上有黑色的毛发。她打开口袋里的纸包,将这根毛发和会议室收集到的那根黑毛做比较。这两根毛看起来很像“双胞胎兄弟”。安可乐把这两根毛都包进纸里,放进自己的口袋。她在沙发上坐了下来,手顺着座椅垫子的缝隙滑动。在缝隙的角上,她发现了一张塑料卡片。拿到灯光下一看,安可乐惊呆了:这就是那张遗失的房间门卡!

第七章　房间的入侵者

“我该怎么做？”安可乐在沙发上坐立不安，想不出接下来要做什么。如果警察在这里，我就把这张卡交给他，让他查看指纹。显然这张卡上有指纹，而现在只有我的指纹。倒霉的是，警察已经离开了。但无论如何，我可以到前台问问这张卡是谁的，虽然答案挺明显的。我可以把猫毛和卡一起找机会送到警察那里。

突然，她的思绪被一个简单清晰又可怕的念头打断了。

“有了这张卡，我可以进卡拉乔拉教授的房间去看看，搞明白那里到底发生了什么！”安可乐对自己说。

不再多考虑，安可乐站起身，毅然决然地走向了楼梯。心底有点希望这时候出来一个人拦住她，和她说说话，阻止她进行这个危险的行动，爸爸或者马可叔叔、帕瓦洛斯、贾尼斯，谁都行。但大堂好空，没有人来挡着安可乐走向楼梯、走完走廊、走到路易吉·卡拉乔拉的门口。她插入卡，转动了门把。

房间干净又安静，睡衣还是躺在床上，行李箱在角落。安可乐想到了笔记本电脑的充电器，而充电器怎么都没看到。“警察把它拿走当证物了。”安可乐想。床头柜旁有一个文件夹，安可乐早上因为被门挡着没看到它。安可乐走近文件夹看了看，她还是不敢用手去拿，更别说打开或者翻阅了。

“没人允许我多管闲事去看别人的文件夹。”她就这么决定了。她用一秒钟扫视了卫生间，发现那里没什么有意思的。于是走到窗口，发现卡拉乔拉教授的房间和自己的一样，能走到阳台上去。她打开阳台门，探出头。一样的桌子，一样的柳条椅子，一样的铁栏杆。安可乐计算了两个紧挨的房间的阳台相距有多远——也没多远，不用冒多大险就能跨过来。安可乐确认了阳台门没有配锁，于是马上想到了一个关于偷窃的可能性：罪犯可以从阳台门进入教授的房间。如果这样的话，他根本不需要门卡，而安可乐找到的门卡只是卡拉乔拉躺在大堂沙发上时碰巧掉出口袋的，因为落到了沙发缝隙里，所以没人注意到。

“这样说得通么？”安可乐自问道，“说得通吧，我觉得。我需要查一查谁住在隔壁。”

她又探了出去，努力不引起任何此时在花园里散步的科学家的注意。左边阳台上没有人，问题出在右边的阳台！安可乐惊讶地睁大眼睛：在右边阳台的柳条椅上，那只熟悉的黑猫就坐在那里，好像一切就应该如此。猫的眼睛半闭，很可能正在享受温暖的秋日阳光。

“就到这里了。”安可乐对自己下了命令，“我必须离开。”

她关上阳台的门，蹑手蹑脚地穿过房间，悄悄溜进了走廊，幸好走廊还空无一人。安可乐的心跳加速了一倍。她飞快地冲过走廊，上了楼梯，直接撞到了爸爸。

“怎么样？”爸爸一边整理领带，一边焦虑地问道。

“什么怎么样？”安可乐没明白他的意思。

“我忽视了时间把控……也就超了一点点。总体而言还可以吗？还是说不太好？”爸爸听起来很担心。

“哦，您是说您的报告！”安可乐终于理解了，“一切都很好……”

突然，她意识到爸爸在等待一些更详细的答复。“我的意思是——是的，太棒了！精彩的介绍。连我都知道流感可能造成的危害了！其他人都听得津津有味。太可惜了，议程主席不让您说完……”

“嗯，是我的错……”爸爸高兴地补问，“真的是所有人都在听吗？”

“甚至还有人在做笔记！”安可乐确认道。她想起了帕瓦洛斯和贾尼斯，说：“您做得很好！”

爸爸非常高兴。

“我把笔记本电脑和领带放回房间，然后我们就去吃午饭，好吗？”他问安可乐。

“太好了！”她表示同意。

酒店餐厅为学者们准备了自助餐，然而，爸爸直截了当地说排队吃饭是一个可怕的错误。

“即便在英国，那也是一个巨大的错误。而在西西里岛，在美食文化高度发达的国度之一，我们可不能因为会议组织者的随意安排而牺牲到一家餐馆午餐的机会。”他解释道。

安可乐对此并不抗拒。相反，她想和父亲单独待一会儿，这样可以问他一些问题。他们乘坐出租车前往阿基米德餐厅，餐厅位于希腊剧场旁。汽车沿着蜿蜒的山路上坡，山路上每一转，都会看到不同的大海悬崖美景和历史遗迹。爸爸试图讲授一些希腊历史，但安可乐并没在听。她正在整理自己的思绪，脑海中盘旋着一系列想问爸爸的问题。

从餐厅露台可以看到小镇令人惊叹的美景。小镇一直延伸到大海，就像是被嵌在岩石里。爸爸选了一张露台栏杆边的桌子，桌子边有一把白伞用来遮阳。此时，安可乐已经感到非常饿了。因此，她不想浪费时间，直接要了一份马苏里拉芝士和西红柿烤制的佛卡夏面包。爸爸点了薄切生鱼片和意大利墨鱼面。

服务员接过他们的订单走向厨房。这时，安可乐开口说道：“爸爸，请告诉我什么是生物武器，合成病毒与它们有什么关系？”

“这个话题非常有趣！”爸爸看起来很高兴。“1346年，因战争而引起了一场腺鼠疫的大流行。一年后，大约两千五百万人死于这一疾病——这可是当时欧洲总人口的三分之一。这是中世纪历史上,人类第一次使用生物武器。”

“那和我讲讲,现在的情况如何。”安可乐对中世纪的恐怖历史没什么兴趣。

“我们这个时代,生物武器是被禁止的。”爸爸说,“然而,我也时不时听到流言,说有某个国家正在秘密开发新型化学武器。”

“所以为了这个目的,世界上存在合成病毒,对吧?”

“正是,还有一些是新病毒。从军事角度考虑,使用这种病毒会让自己占据优势,因为敌方需要从头开始研发疫苗。”

“那么,使用病毒的一方应该有疫苗,对吧?否则双方都会被感染。”安可乐问。

爸爸摇了摇头。

“要创造一种新的疫苗,就必须进行大规模的临床实验。而要这么做的话,就需要让很多人感染这一新病毒。”

“那我就不懂了。”安可乐怒了,“没有疫苗,研制这种武器的目的是什么?感染全世界找乐子么?”

“你绝对正确。”爸爸表示同意,“就因为这个原因,不能制造可以人传人的病毒株作为生物武器。”

安可乐停下来,思考了一会。

“如果这些病毒不会人传人,那么怎么让敌方士兵感染呢?”她问。

“利用动物。”爸爸说,“老鼠、蝙蝠、昆虫等。比如蝙蝠的免疫系统能防止病毒产生破坏性的效果,但也杀不死病毒本身,所以蝙蝠就成了一个很好的病毒孵化器,一有机会它就把病毒传给人。”

“这样呀。”安可乐说,“在敌军所在位置放出一群蝙蝠,这些蝙蝠攻击敌方士兵,咬啊抓啊,就这样让他们感染上可怕的合成病毒,而对抗的疫苗还不存在。”

“大致就是这样。”爸爸说,“不过,病毒虽然最初不会人传人,但它如果经过**突变**就长了本事。突变就是……”

安可乐打断了爸爸的话:“谢谢爸爸,

突变

突变是细胞或病毒基因组的变化，新一代的细胞或病毒会遗传这种变化。在细胞中，突变是自发发生的，每几十亿次细胞分裂就会有一次突变。如果细胞需要适应不利的环境，突变就会加速。病毒就是通过突变，适应我们免疫系统的反应。

我已经掌握了这件事的核心。我给妈妈和埃涅阿斯发个短信。点甜点吧。”

爸爸看起了甜点单，安可乐给妈妈和哥哥发了短信。发给妈妈的短信是：“请帮我查一查，卡拉乔拉是否和马里兰州的艾薇拉一起合作过。如果合作过，项目是什么？”发给埃涅阿斯的短信是：“小心蝙蝠。”安可乐很快得到了回复。妈妈问：“胡说什么，谁是艾薇拉？”埃涅阿斯回复说：“会飞的猫会救我们的，你觉得甜甜圈能行么？”安可乐回复妈妈：“马可叔叔认识的一个人，看起来像个巫婆。”她回复埃涅阿斯：“我是说认真的。在日本别吃蝙蝠。”妈妈回复：“了解了。”埃涅阿斯回复：“日本人好像不吃蝙蝠。”

这一通交流结束时，服务员给安可乐端上了一份提拉米苏，给爸爸上了一份柠檬冰糕。

第八章　希腊剧场

温暖的阳光、新鲜的海边空气、可口的食物让安可乐和爸爸心情愉悦。爸爸提议去希腊剧场参观，安可乐也没拒绝。他俩离开餐馆，又沿着窄巷走了一百米路，就开始往山上走，走到一圈栏杆围着的剧场前。剧场因岁月悠久而破败，但依然雄伟壮观，剧场的观众席面对的是山崖和大海的绝美风景。爸爸买了门票，他拒绝了一位意大利导游提供服务，想要亲自给安可乐解说。他们刚穿过检票处，爸爸就做了一个深呼吸，开始讲述西西里希腊化时期的那段历史。突然间，安可乐拉拉他的袖子。原来，从剧场舞台装饰的砖墙间隙露出了两个身影：今天做了会议全体报告的斯科特·德维尔和戴着白帽子的生物武器专家——神秘的艾薇拉。

安可乐和爸爸只能上前去打招呼。

“艾薇拉、斯科特，下午好！”爸爸介绍说，“这是我的女儿安可乐。”

“我们见过面了。”艾薇拉微笑着回答，然后对女孩说：“安可乐，你喜欢西西里么？”

“很美。”安可乐点头说。

“我们从会场逃出来了。”斯科特说，“会议多得是，但陶尔米纳只有一个……”

“我们也是。”爸爸承认道，“我们在附近吃了中饭，阿基米德餐厅，他们的生鱼片非常棒。”

“我们待会儿从剧场出去就去那里。”斯科特很高兴，哪怕不是因为吃的，也至少高兴能喝一杯葡萄酒。

“会议上，我看到了你的两个儿子。”爸

爸突然对艾薇拉说。

“是的，他们参加所有议程。”她无助地承认，“他们非常认真。我在他们这么大时可不是这样的。”

安可乐突然意识到了什么。

“打扰了，您是说贾尼斯和帕瓦洛斯？”

“是呀，那两个认真的孩子是我的儿子。”她说，“我看到你们昨天在海滩上见过面了。”

“是的……”安可乐低声说道，又突然问，“请问那只猫是您的么？”

“猫？什么猫？”艾薇拉感到奇怪。

“那只黑猫，昨天早上坐在那里听报告……我想着可能是您的。”

“可惜并不是。”安可乐眼中的“巫婆”摇头说，“它还听报告，多么不同寻常！”

“的确！”斯科特插了进来，“我早上看到一只猫，就坐在第二排。不过后来就消失了。”

“原来如此。我们现在要去吃饭，就不耽误你们玩了。”艾薇拉对着爸爸祝福“散步愉快”，结束了谈话。

“谢谢，你也是！”爸爸回答道。

“那么晚饭见？”斯科特说，“他们会带我们去海滩的某个地方。”

“好的，太好了！”爸爸点头说。

安可乐爬上砖头垒起来的舞台，走向墙边。看着下面的大海，她想：“一切都太复杂了，每个人都互相认识，但我什么都不知道。我必须把嫌疑名单加长……”

“所以呢，希腊人在腓尼基人之后来到西西里，大约在公元前8世纪吧。他们在纳克索斯建立了第一个殖民地……”

安可乐和爸爸直到晚上五点才回到旅馆。他们在希腊剧场那里找不到出租车，于是爸爸没多考虑就提议走回旅馆。从山上看，旅馆离得挺近的，实际走起来路程却很远。而且路上他们还拐错了一个弯，以至于在葡萄园里游荡了一个小时。走了这么长路，两人都感到口渴，于是爸爸做的第一件事就是从吧台点了两杯鲜榨橘子汁。

他们还没喝上一口，马可叔叔就不知

道从哪里冒出来，“扑通”一声坐上椅子，看起来就好像刚跑完一场马拉松。

“宝贝，你都好么？”他问安可乐。安可乐还没来得及回答，他就把她的橘子汁抓过去一饮而尽。旁边的吧台服务员立即又跑去榨橘子汁了。

“我很好，谢谢！”安可乐实话实说，“卡拉乔拉教授怎么样了？”

“健壮得像匹马！”马可叔叔说，“他会参加明天的足球比赛。病毒学家对抗**免疫学家**。”

“那就是说，他很快就要出院了？”

马可叔叔点点头。

“橘子汁太酸了。”他回头对吧台服务员说，“我还是来一杯意式浓缩咖啡，再加一杯苦味酒。”

“警察怎么说？”安可乐继续提问，“他们有没有找到那个穿条纹T恤的人？”

马可叔叔点点头：“是的，他们在卡塔尼亚的鱼市上逮捕了他。他正在买新鲜贻贝，根本没注意到巡逻的警察……”

“那他此刻在哪里？”

“还能在哪？在警官那儿录口供呢。”

“是他偷了电脑么？”

“我不知道，不确定。他们还没找到电脑。”马可叔叔耸耸肩，“警官会来吃晚饭，你问问他。”

“晚饭在哪里？”爸爸加入对话，“我听说在海滩上？”

“在港口。”马可叔叔点头说，“不同寻常的地方。以前是走私犯的老窝，饭店的主人是一只老‘海狼’，是我的好朋友。”

“我们会有时间去海滩么？”安可乐问。

“当然了，宝贝。”马可叔叔善意地点头，“我们会有时间的！”随后，他将苦味酒就着喷香的咖啡一饮而尽。

爸爸突然想起来，他答应一些研究生参加海报展，去看看他们的海报。

安可乐下了决定，说：“好吧，您去海报展吧。我回房间穿个泳衣去海滩了。您空下来了就来海滩，我会在左侧山崖边晒太阳。”

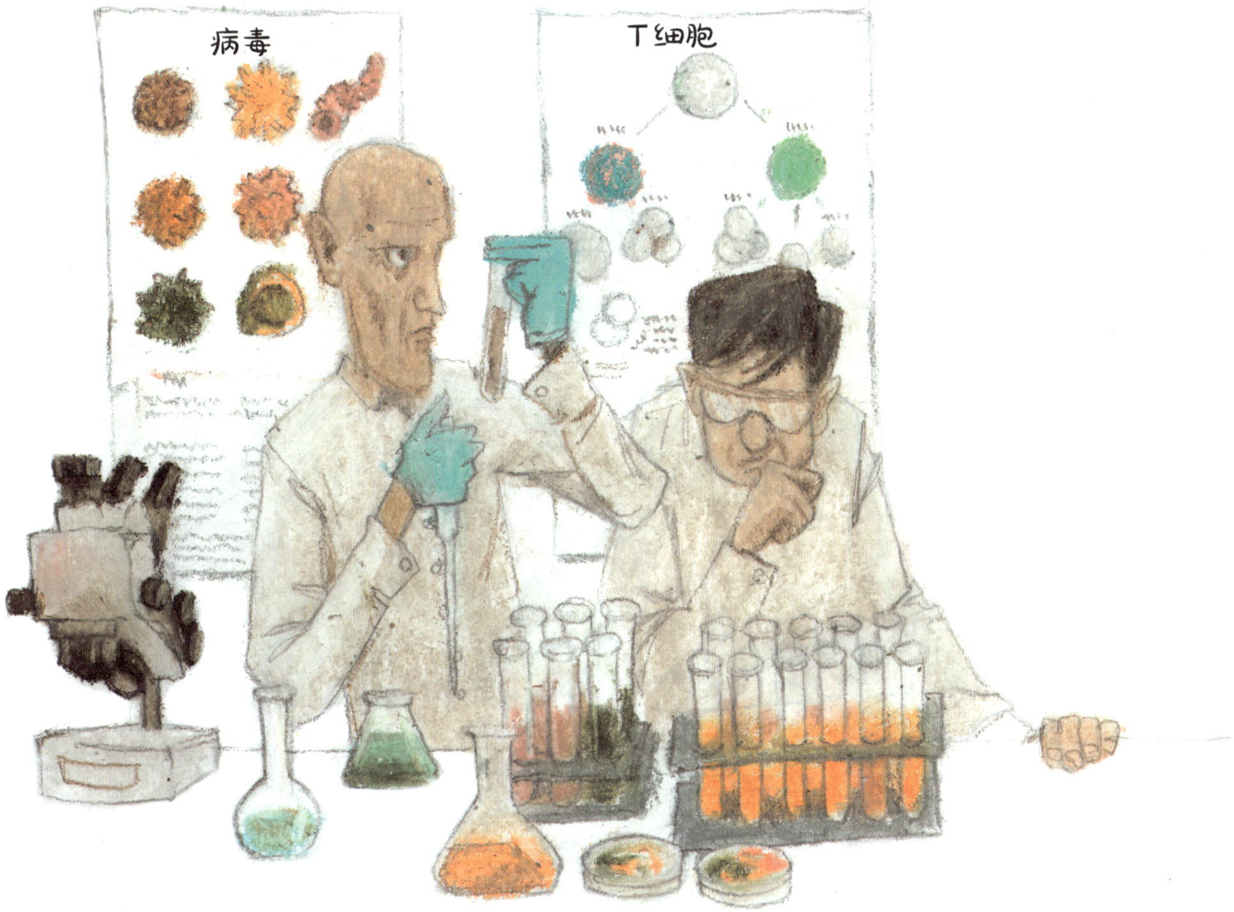

免疫学家

免疫学家就是那些研究免疫的专家。举例来说，他们会研究生物体对外来结构（抗体，例如细菌或病毒）的反应。病毒学家是那些研究病毒的专家，他们研究病毒的演化和在传染病和肿瘤传播中所起的作用。

“还是右侧山崖边更好。”马可叔叔建议，“左边有很多海胆，会刺到脚的。”

一切决定后，安可乐回到房间。她拿出一支笔，在纸上写：新嫌疑人：斯科特·德维尔，贾尼斯和帕瓦洛斯。

然后，她给妈妈发了一条短信：“艾薇拉怎么样？再帮我查查斯科特·德维尔。”妈妈立即回复说：“还没消息，会跟进。”安可乐穿上绿色泳衣，抹上防晒霜，从浴室拿了条浴巾放进爸爸的会议资料袋，然后走向海滩。

第九章　海滩

安可乐走向海滩，根据马可叔叔的建议，她走向右侧的山崖边。水边有一顶大伞，伞下排着四张日光浴床。三张空着，还有一张上有一对夫妻。日光浴床的边上是曹经纬教授，他弯着腰，在自己的笔记本电脑上工作。他穿得和早上参加会议时一样：灰色裤子加格子衬衣。在他身边斜倚着一位穿着优雅的中国女士，她穿着丝绸印花连衣裙，戴着一副超大的墨镜，一手举着漂亮的白色阳伞，一手举着手机的自拍杆。

“这可能是他的太太。”安可乐想。

曹太太正在自拍，偶尔看一眼自己的教授丈夫，有点不太高兴，因为他从不曾把目光从电脑屏幕上移开。

安可乐小心地把其中一张日光浴床拖出来，把会议资料袋扔到床上，脱了鞋，走向海水边。太阳西下，山崖的阴影很快就被拉长了。安可乐慢慢蹚着脚踝深的水，追逐这些阴影，就这样，她来到海滩的中央。她朝四周看看，爸爸还没有出现，贾尼斯和帕瓦洛斯从旅馆露台走下来。“这么看来，海报环节已经结束了。”安可乐心想。安可乐上了岸，走向她的日光浴床。

这期间，曹教授的太太成功将丈夫从工作中拽了出来。他现在正拿着手机，以大海、沙滩、悬崖为背景，给太太拍照片。安可乐经过时，盯着他的电脑屏幕看了一会儿。“路易吉·卡拉乔拉”这个名字的英文大写迅速吸引了她的注意，她几乎都要僵在那里动弹不得了。她刚要开始读名字底下的文字，很不幸的是，电脑屏幕自动锁屏了，她不得不毫无收获地回到自己的日光浴床。

“看来，这是另一个嫌疑人。”安可乐想，“或许这就是那台被偷走的笔记本电脑。虽然小偷带赃物来沙滩而不怕现场被抓确实不可思议，但也有可能是他太太要他一起来沙滩，他又在笔记本电脑里刚发现一些有趣的东西，不舍得不看，于是就带上了。我该怎么确定，这是否是被偷走的那台笔记本电脑呢？”

安可乐想起了哥哥埃涅阿斯的话：“如果你不知道做什么，做你想到的第一件事！”于是她站起身，走向那位中国教授。

“打扰了，曹教授，请问这是您的笔记本电脑么？”安可乐问。

曹经纬和太太看着安可乐。曹经纬有点困惑，而他太太却表现出了兴趣。

“是的，怎么了？”曹经纬问。

“是这样的。”安可乐现场编了个故事，“我刚从海里上来，不小心洒开了一点水。我就是怕水进了您的键盘。”

曹经纬赶忙冲到电脑边，输入密码，屏幕又亮了起来。

“都好着呢，不用担心。”他告诉安可乐。

她点点头。走近一看，她看到键盘上的拉丁字母旁有一些**象形文字**，于是她想：“这真的是他的电脑。”

“你刚才真的游泳了么？太勇敢了！”曹太太问安可乐。

“哦，没有。我就是在水里走了走，跑了跑。其实……”安可乐试图让自己变得更可信。

“真希望我也会游泳！”曹太太说，“我正在游泳馆学习游泳。”

安可乐礼貌地点点头。她不太明白大人在沙滩上遇到陌生人一般会聊些什么，要聊多久。所幸，爸爸这时候正好出现了。

“我在这里呢！”他友善地招呼，“嗨，经纬！嗨，曹太太！你们不是怕晒太阳的么？”

“我是怕的。”教授的太太开心地回答，

象形文字

象形文字是由图画文字演化而来的一种古老字体，中国的象形文字是演变至今保存最完好的一种。中国现代汉语中的拼音是用拉丁字母来表示汉语，在计算机中使用时，用键盘输入拼音，然后计算机将其转化为象形文字。

“看，我有一把遮阳伞、长裙子、墨镜。我还抹了防晒霜。”

“是啊，可是太阳快落山了，你现在没有伞也可以。”

“真的，都到晚餐时间了。”曹经纬点头说。

曹太太开始忙着把自拍杆和浴巾塞回沙滩包里。

“我想再潜到水里去一次，我想看看能否找到海星和墨鱼。”爸爸说。

“小心点！”曹经纬说，“我们这就走了。晚餐见！”

爸爸脱衣服戴潜水镜的这些工夫，安可乐得到了自己问题的答案。

“爸爸，您认识参会的每个人么？”

“当然不是了。”爸爸回答说，“我只认识老一辈的人。”

接着，爸爸又讲了一个听起来毫不相关的故事：“你知道一个关于两条蛇穿过山涧的故事么？有一条是毒蛇，但不会游泳；另一条会游泳，但没有牙齿。所以毒蛇爬到了另一条蛇背上，这样它们就能游过山涧。没有牙齿的蛇想：‘我要在水最深的地方，把毒蛇扔进水里。但我不能这么做，因为它会咬我的。’毒蛇想：‘我可以咬它，但我不能这么做，因为它淹死的话我也就跟着淹死了。’所以，它们就这样一起穿过宽而险的山涧。”

第十章　晚餐

马可叔叔赞不绝口的饭馆，原来就是一家港口酒吧。它设在户外，有一些桌子在堤上，两张大圆桌摆在两侧停靠游艇和船的码头上。当安可乐和爸爸到酒吧时，马可叔叔早就在那里了。他把他们引到码头上最靠海的桌子边，指了指两把空着的椅子。

“这是为杰出科学家预留的位置。”他骄傲地说。

斯科特·德维尔、艾薇拉·塞西里迪带着儿子，还有马可叔叔在一旁坐下。还有一把椅子空着。服务员带来一个托盘，上面是很多杯开胃酒以及三杯橘子汁。橘子汁是为安可乐、帕瓦洛斯和贾尼斯准备的。

“让我们为爱干杯！”马可叔叔说，他兴致很高。斯科特一饮而尽，以实际行动表示赞同。

在旁边的桌子上，参会者愉快地发出各种声响。服务员开始端上各种小食：鱿鱼、牡蛎、墨鱼、海胆、海螯虾，等等。这些，安可乐一点都没吃，她吃了鸡肉沙拉，还有特地为她做的大饼。

“你不喜欢鱿鱼和墨鱼么？”坐在一旁的贾尼斯问。

“我对海鲜过敏。”安可乐解释说，“所有的鱼，还有核桃，有点像卡拉乔拉教授。”

贾尼斯点点头说：“的确。妈妈说他马上就会出院了。”

“就在明天，马可叔叔说的。”安可乐确认。

“我就在想，他会不会继续作报告。”帕瓦洛斯加了进来。

安可乐赞同地说："是呀，我也很好奇。我想了解更多关于合成病毒的内容，但他没了笔记本电脑应该没办法作报告了吧。"

安可乐一边说，一边狡猾地看看贾尼斯和帕瓦洛斯，想着："万一他们对卡拉乔拉教授的笔记本知道些什么？不过，即便他们真知道什么，好像也看不出来。"

然后贾尼斯就说："妈妈说，合成病毒是病毒的未来。几年，甚至用不了几年就会感染全世界。"

"太恐怖了！"安可乐假装很害怕，"可是为什么呢？"

"合成它们的实验室，可能会泄漏病毒。"贾尼斯用很权威的口吻解释。

"泄漏，怎么会呢？"安可乐疑惑地问。

"意外啊。能改变这个世界的意外，这也算得上一个。"

这场深入交流，被马可叔叔突然的欢呼打断了。

"你来了！这边请啊，警官！我给你留了位。"

安可乐注意到马可叔叔和警官已经很熟了，她耸肩想着："他社交还真有一套。"

警官和昨天一样，穿着灰色套装。他看到了为自己留的位子，并挨个儿向大家问好。安可乐想着自己此前协助了调查，所以期待他能和自己说点特别的。然而，警官的问好全都是很正式的一句"晚上好"，然后就开始进餐。

很快，一桌人开始聊天，安可乐了解到不少有趣的事。斯科特拍拍警官的肩膀，有点厚脸皮地恳求说："好啦，警官，别折磨我们了！告诉我们调查的情况吧！"

"恐怕我无权告诉你任何情况。"警官干巴巴地回答，"我们正在展开调查，审问目击者……"

"是么？那为什么没有来问我？"斯科特带点责备地看着警官。

警官问："那你能告诉我有助调查的情况么？"

"当然了！"斯科特斩钉截铁地说，"当

然了！我会告诉你非常重要的消息。我将会告诉你嫌犯的作案动机。”

“那你明天早上来我办公室？”警官建议。

斯科特反对道：“不！谁知道明天早上前会发生什么，你现在就听我说！”

他喝了一口葡萄酒，重振精神，开始讲故事。

“时间宝贵呀，警官。从现在算起，一年后，这里就不再会有可口的葡萄酒了。一年后，这里没一个餐馆能开张，没一个游客会来这里。我们无法晚上聚会，聊些最新见闻。我们都被锁在自己的家里。我呢，在美国，而你在意大利。当然，我们到时候得都还活着。飞机也停飞了，国境也关闭了……”

“你在说什么呢，斯科特？”马可叔叔警觉起来，若有所思地给斯科特的杯子里添酒，“你为什么要说得这么恐怖，是要打仗了么？”

“如果只是战争，影响的只是参战的人。而我说的会影响每个人，绝对是每一个人。无论你在哪里，你是谁，都会受影响。”

“那是什么呢？快点说！”艾薇拉扯了扯他的袖子。

“大流行！”斯科特一边说一边慢慢站起身来，“大流行啊，女士们、先生们，像**西班牙流感**一样迅猛，像霍乱一样无情。”

站直了身子后，他俯向警官，悄声耳语。

“警官，记下来：作案动机是某人想要制造一场病毒大流行。路易吉·卡拉乔拉一直把这个秘密藏在他电脑里，直到我的朋友马可让他尝了尝海胆。”

说着，斯科特拿起桌子中间拼盘里的最后一个海胆，仔细审视起来。

“为什么路易吉从来没吃过这些小动物？”他突然大声起来，“为什么？这是调查的关键问题。虽然在美国没人吃这个，很多人都不知道海胆还能吃，但他的祖籍是西西里！傻乎乎的路易吉屈服于马可的劝

西班牙流感

西班牙流感是H1N1流感病毒株带来的大流行。在1918年到1920年间，几千万人因此丧生。西班牙首先报道了这次新流感，因此这场大流行得名：西班牙流感。

说，毫不犹豫地吞下一个海胆。需要做的就是这点事！”

说到这里，斯科特甩臂，把海胆扔到远处。

“好吧，我们这里出现醉酒瞎闹的了。”艾薇拉公事公办地总结，转向马可并责备说，“全都是你的错，你为什么开饭前就让我们喝酒？”

“我看出来你不高兴了，那我走了。”斯科特插嘴说。

还没等旁人说话，他踢开椅子，走入黑暗中。

“嘿，小心点！”马可叔叔大声叫起来。然而，已经晚了。他们听到一声大叫，水溅到安可乐和其他人的身上。

“他掉进海里了！”艾薇拉大叫，“快把他救出来，否则会淹死的。”

几个科学家跳起身，跑到码头边，细看黑乎乎的水面。

“斯科特，斯科特！”人们从各个方位大喊。

“放船下去！”马可叔叔大声命令，也不知道在命令谁。

安可乐突然注意到桌子上爸爸的手机和钱包，而他人不见了。几秒钟后，有人在码头上大喊：“他在那里！左边，抓住他的头发！”

安可乐抓起钱包和手机，努力挤到码头边。还没等她成功，人们开始走向堤岸。安可乐听到胜利的欢呼。第一个被拉出水面的是斯科特，他全身都湿透了，但看起来很乐呵。随后，爸爸也从水里出来了。

“同伴们，你们不用担心的。我在大学里是游泳冠军。”斯科特解释说。

“爸爸，我们回去吧，不然您要感冒的。”安可乐果断地说，并把东西还给了爸爸。

第十一章 “免疫之星”

刚到旅馆，安可乐就收到了妈妈发来的短信：“你问的艾薇拉，是免疫之星公司的健康安全顾问。”她回复说：“爸爸从海里救起一个美国教授，全身都湿了。”妈妈马上回复说：“把他弄干！”就在此时，爸爸在浴室里打了个喷嚏。安可乐疲惫地叹口气，又问妈妈：“什么是健康安全？”妈妈解释说：“防止泄漏。”安可乐拿出纸，打算动笔记录前，她决定搞清楚一个细节：“卡拉乔拉教授和免疫之星，有什么关系？”妈妈回答：“他是董事会成员。”

安可乐满意地点点头，在纸上写下三个词，“免疫之星”“泄漏”“大流行”。思考片刻，她加上了第四个词“疫苗”，这些词都用逗号分隔清楚，并在这一行最后加了一个问号。

就在此时，爸爸从浴室出来，穿上了厚实的睡衣和羊毛袜子。

“爸爸，请告诉我免疫之星公司是干什么的。”

爸爸开始说：“这家公司成立不久，但已经成为国际知名的制药公司。他们开发疫苗，合成分子，开展临床试验，在医药市场上销售很多种药物……”

“他们有没有把实验室里的有害病毒泄漏出去？”

“我还没听说过。”爸爸回答说，“虽然，这类事情以前也发生过。比如1978年，众所周知在伯明翰医学院发生了天花病毒泄漏……”

“泄漏都是因为意外么？”

“是的，一般都是因为某位员工违反了

健康安全规定，被感染了，然后就传染给了其他人。但几乎总是有办法把这一群人及时隔离开，防止暴发流行病。”

“几乎？不是每一次？”安可乐问。

爸爸点头表示同意。

“有个说法是，2009年让几十万人丧命的猪流感，就是因为1976年一次不小心，让西班牙流感病毒株解冻了。宝贝，西班牙流感是……”

“我知道，我知道。”安可乐打断了爸爸，“那是20世纪最糟糕的一场流行病。我们在学校学过。”

爸爸睡觉去了，而安可乐看了自己那张纸许久。最后，她拿起手机，给埃涅阿斯发了短信：“给亿万人注射疫苗，要多少费用？”埃涅阿斯一秒钟后就回复：“如果一剂疫苗二十美元，乘以亿万，你在学校里学过乘法吧？”

安可乐觉得，这是今天能消化吸收的最后一滴知识了。于是，她换上了画满快乐小羊的睡衣，也去睡觉了。

这一次，她梦到的是和爸爸妈妈以及埃涅阿斯在一艘大游轮上。游轮顶层是一个大游泳池，里面有各种喷泉、滑梯、岛、桥。妈妈躺在游泳池旁的躺椅上，看着电子书，爸爸穿着游泳裤，身上包着两条毛巾，埃涅阿斯在为一些小姑娘签名。

安可乐决定要多做点什么：跳进游泳池、喝无酒精的莫吉托或者看最新一季的“城市里的女巫”。突然，广播里欢快的音乐变成了船长担忧的声音：

“我们恳请所有乘客立即回自己的房间。”

于是，人们都匆忙从游泳池里爬了出来。爸爸虽然刚穿好游泳裤，这下又得换衣服了。埃涅阿斯朝安可乐走来，并说：

“看起来我们是撞了冰山了！”

“我奇怪你在哪里看到了冰山。”安可乐环顾四周问道。天上没有一丝云彩，热带的太阳光强烈地照在大海上，海浪则懒洋洋地拍打着船。

“隔离。一些乘客感染了病毒。”妈妈

告诉他们。

“虽然我们现在需要这个,”爸爸不太开心,“但我连横穿游泳池的机会都没了。”

他们下楼,穿过蓝色地毯的走廊,回到自己的房间。突然,出现了三位全身穿着化学防护服、戴着面罩及难看的厚眼罩的人。他们手上有小工具,这次,安可乐知道那是体温计。她顺从地伸出手,测完体温,防护服里的人倦怠地说:“你,姑娘,得和我们待在一起。”

“你们回房间,别乱走动!”他对爸爸妈妈和埃涅阿斯说。

安可乐觉得自己变得非常悲伤。

她想着:“这会一直持续么?谁来喂养甜甜圈呢?”

这么痛苦地思考着,安可乐醒来了。窗外已是大白天,爸爸在卫生间刷牙。

安可乐猛地在床上坐起身。

“今天,我要去找卡拉乔拉教授的电脑。”她对自己说,“我要完成这个目标。”

第十二章　路易吉·卡拉乔拉

安可乐和爸爸一起下楼吃早饭。他们在水果自助那里遇到了斯科特·德维尔。他全身透露着一股清新的感觉，好似一朵清晨的玫瑰，而且心情还很不错。

“感谢昨晚的陪伴！”他向爸爸道谢，“你没感冒吧？”

“没有，我都好。”爸爸难为情地说，“你怎么样？”

“我现在手机没了，活得就像个原始人！”斯科特抱怨道，“手机一弄湿就坏。等吃完早饭，马可会陪我去买个新手机。”

爸爸同情地点点头。安可乐拿了三片蜜瓜，正打算往上面浇巧克力酱，突然听到旅馆大堂有人大喊大笑。为了不错过任何重要的事情，安可乐立刻把盘子放桌上，跑去大堂。

她马上发现大喊又大笑的是马可叔叔，他周围已经聚拢了一群人：曹经纬和他太太、帕瓦洛斯和贾尼斯、让-克洛德和尚塔。安可乐立刻认了出来，原来是路易吉·卡拉乔拉，他看起来健健康康的。马可叔叔拥抱卡拉乔拉教授，拍着他的肩膀。其他人也都尽力表达自己的喜悦。

“看看他的面色呀！”马可叔叔对身旁的大家大声说道，“这晒出来的健康肤色！不知道的还以为你不是在圣玛莎医院，而是在夏威夷呢。”

卡拉乔拉教授微笑地回复：“别夸张了，马可。不过你说的没错。昨天我在阳台的摇椅上坐了半天，就有点晒到了。”

然后，他转向自己的几个同事。

“朋友们，十分感激你们的支持！请原

谅我没做成报告。我发誓自己再也不会碰海胆了。”

这句话让大伙儿又笑起来。

卡拉乔拉教授继续说:“半小时后我就来参会,我必须先找到我的猫。这个可怜的家伙可能已经饿坏了。”

安可乐大呼一口气:“原来猫的主人在这里!”

“教授,你的猫没饿着。”这是贾尼斯的声音,“昨天全体报告后,它爬上了我们的阳台。我就给了它牛奶和香肠。不过,后来我妈妈对我说猫很可能**乳糖不耐受**。所以,我们就去商店里买了猫粮。”

“反正它把牛奶喝了,不过看起来应该不会乳糖不耐受。”帕瓦洛斯说。

“小伙子,干得好!”卡拉乔拉教授很高兴,“我都不知道该如何表达我的感激之情……”

就在这时,一位警官出现在贾尼斯与帕瓦洛斯身后,毫不客气地一直挤到卡拉乔拉教授面前。

“卡拉乔拉教授,请问有时间么?”

卡拉乔拉教授点点头,说:“当然了,警官。”他又一次向在场的每一位挥手,跟随警官走到接待处。科学家都散开了。安可乐比其他人留得更久,假装自己在等什么。然后,她在确认警官没有看着她所在的方向后,躲到了酒红色帘子后面,她在会议第一天的时候也这么干过。透过窗帘的缝隙,她能清晰看到旅馆的接待处,警官正语速飞快地和卡拉乔拉教授说着话。教授认真听着,并时不时点头。谈话结束时,警官在教授面前摊开几页纸,教授在三四个地方签了字。这些手续完成后,警官示意柜台后面的旅馆服务员。服务员弯下腰,从抽屉里拿出了一台银色的笔记本。

“太谢谢你了,警官!”安可乐听到卡拉乔拉教授这么说。卡拉乔拉教授与警官握手后,拿起笔记本电脑,快速走向楼梯。警官收拢签好名的文件,将它们放进了一个绿色文件夹里。

安可乐一早上被深深震撼了两次。第

乳糖不耐受

乳糖不耐受就是身体的消化系统无法分解乳蛋白——乳糖。人(主要在东亚和美洲大陆)和动物中都有乳糖不耐受的。体内在处理乳糖时,必须产生一种叫乳糖酶的消化酶。以猫为例,从出生开始就一直喝牛奶的猫可以终生保持乳糖耐受;而一旦停止喝牛奶,猫就失去了产生乳糖酶的能力并变成乳糖不耐受。

一次,黑猫的秘密竟然就以那么平常的方式被解开了。而那台卡拉乔拉教授的似乎充满着黑暗秘密和全球危机的笔记本电脑,就这么被警察发现并物归原主了。

安可乐问自己:“就这样?侦查就这么结束了?世界被拯救,免于病毒大流行了?”

无论如何,她还是对一些细微但重要的细节感到困扰不安。虽然她也说不出具体是什么,但她就是感觉哪里不太对头。这时,警官和旅馆工作人员说了再见,走向了出口。他正要抓门把的时候,安可乐终于想起来什么。她从窗帘后面冲了出来,朝大堂那头大声喊:“等等,警官!”警官回过身。安可乐跑向他,嘴里重复着“等等,别走”。警官不解地看着她。

“是安可乐吧。你为什么大叫?”他问。

安可乐停下脚步,脱口而出:“警官,您忘记还卡拉乔拉教授笔记本的充电器了。”

“冷静点,安可乐。充电器并没有被偷,它一直在教授的房间里。”警官的态度有些居高临下。

“没有,它不在。”小姑娘也挺坚持。

“听我说,安可乐。我在查看教授房间时,亲眼看到充电器连到了插座上。这个是记录在案的。”警官耐心地解释。

“是的,可是它后来消失了。我以为是你们拿走做检查了。”她这下可是拿出了“必杀武器”。

警官摇头说:“我不知道你在说什么,是什么时候的事情?”

“昨天午饭前。当时警察都离开了,我就在卡拉乔拉教授的房间里。我仔细检查了房间,连充电器的影子都没有发现。”

“请你告诉我,你怎么会在教授的房间里的?”警官感到奇怪。

安可乐没有回答他,而是从口袋里拿出了房卡,递给警官。

“我从沙发缝隙里找到的。”她解释说,又指了指大堂角落的沙发。

警官小心地拿了门卡,对两面都做了检查。

“我想，教授躺在沙发上时，门卡从他口袋里掉了出来。”安可乐继续说，“不过，嫌疑人可以从阳台门进入教授的房间，而且阳台门并没有锁。他(她)或许是从隔壁阳台爬过来的。您知道谁住隔壁么?”

“是的，我知道。左边是曹教授和他太太，右边是塞西里迪夫人和她的孩子。”警官说。

“请搜查他们的房间!”安可乐恳求，“我们的时间不多了! 您听到德维尔教授昨天说的话了吧?”

“安可乐，听我说。”警官沉默了一阵子后说，“我会听取你的建议。但首先，我必须确认门卡确实遗失了。请在大堂等我五分钟。”

安可乐表示同意：“当然可以，不过我更想在餐厅等您。我还没吃早饭……”

“可以。”警官点了点头。

第十三章　一切都乱套了

安可乐回到餐厅，很快就发现帕瓦洛斯和贾尼斯也在那儿。他们规规矩矩地坐在妈妈身边，正在吃东西。

安可乐向他们问好："早上好，塞西里迪夫人。早上好，贾尼斯！早上好，帕瓦洛斯！"

"你好，安可乐！来和我们坐一起吧。"艾薇拉·塞西里迪说。她今天穿着浅绿色的裙子。

安可乐在一把空椅上坐下。

她问："您听说了么？卡拉乔拉教授的笔记本电脑找到了。"

"是的。"艾薇拉认可，"马可告诉我们，一位清洁工今天在一楼女厕所里发现了它。"

"女厕所？"安可乐吃惊地问道，"当然了，那里没有摄像头，是吧？这是不是说，盗贼是一个女的？"

"或者是个男的，想甩开警察监视。"艾薇拉说，"晚上去厕所，不会被注意到的。"

"说得对。"安可乐点头说，"请告诉我，猫现在在哪里？"

"它去散步啦。"帕瓦洛斯说，"妈妈说我们不该给它牛奶，估计它挺伤心的吧。"

"帕瓦洛斯，乳糖不耐受会带来严重的过敏反应。这只猫很可能因此无法在阳台上欣赏美景，而要被送去动物诊所。"艾薇拉解释说。

安可乐说："您知道，我家的猫甜甜圈……"话还没说完，警官就进了餐厅。安可乐跳起身向他跑去。

"怎么样了？"她迫不及待地问。

“你错了。”警官和气地说，“充电器的确在卡拉乔拉教授的房间里。我现在必须走了。见到你我很高兴。”

“等等！”安可乐无法相信这是真的，“您亲眼看到的么？”

“是的，当然了。”警官转过身离开。

安可乐追了上去。

“有人把笔记本电脑放在了女厕所！您必须找到罪犯！”她挡住警官的去路，提出要求。

警官的回答比此前更为平静：“安可乐，失物已找回。受害者没有提出其他疑虑，结案了。”

就这样，他离开了旅馆。留下安可乐站在旅馆大堂中央，不知所措。她的思绪就像被风吹得直打转的叶子。“怎么会呢？我明明看到的。我还特别关注到充电器不见了这件事情……也就是说，‘小偷’又一次回到房间，把充电器放了回去。但会是谁呢？隔壁房间住的是中国教授和他爱自拍的太太，还有就是塞西里迪夫人和她两个聪明的儿子。他们如果愿意，都可以从阳台跑过去。曹教授昨天在沙滩上拿着一台笔记本电脑在工作，但那台笔记本不是卡拉乔拉教授的银色笔记本，而是普通的黑色笔记本，键盘上还带着中国字符。虽然他的电脑屏幕上确实出现了‘路易吉·卡拉乔拉’的字样。”

爸爸把她从沉思中拉了出来。他是和让-克洛德、尚塔·塞居尔一起走到大堂的。

“亲爱的，你还没吃早饭吧！”爸爸中断了和同事的谈话，转向安可乐。

“我现在去吃早饭。”安可乐低声说。

“好的。那我去会议室看看。”爸爸说，“我们半小时后在这里碰面，一起去沙滩。”

安可乐点点头，脚步拖沓地走向餐厅。她眼角看着爸爸向两位同事说再见。

“我们要去整理行李。”她听到尚塔说。

“旅行愉快！明年某个会议上咱们再见啦。”爸爸回复说，然后就消失在会议室的门背后。

“我好想知道他们要去哪里。”安可乐

想，“这个会议还要再开两天呢。此外，这两个人都是为免疫之星公司工作的。我必须盯紧他们……”

“你去听会议报告么？”帕瓦洛斯走过时问安可乐，“今天上午的报告很有意思呢。”

“我晚点来。”安可乐许诺说，想着却是她必须在餐厅关闭前吃点早饭。她在自己的盘子里盛上几片蜜瓜，上面淋了点巧克力酱，还拿了一杯果汁，然后在角落的桌边坐下来。

餐厅已经没什么人了，只有卡拉乔拉教授在餐厅对角，独自吃着酸奶。

安可乐注意到，教授已经换了衣服，收拾了仪容，他现在穿着精致的浅蓝色西装。安可乐原本就决定等一个合适的时间问卡拉乔拉教授一些问题，然后，她突然意识到此刻是最佳时机：教授就一个人，他没有在忙任何事情，只是在吃酸奶。于是，她站起身走向教授。就在这时，曹经纬教授突然冒了出来，抢在她的前头。既然没有人注意到自己，安可乐便又坐了下来，试图听听他们在说什么。

“很高兴看到你回来了，你看起来和往常一样健康。”曹经纬说。

“我也感到高兴。这头会议开得热热闹闹，而我躺在医院里，没有比这更诡异的。”

“我听说，你的笔记本电脑搞丢了。”曹经纬说。

“是呀。”卡拉乔拉确认说，“我在医院恢复意识后，就让他们把笔记本从旅馆带到医院来。我还得写完一篇文章，并处理一些紧急事务……结果我的笔记本电脑却找不到了。不过还好，警察很快就帮我找回来了。”

“我想和你说的是……”曹经纬的声音放低了，几乎是在说悄悄话。安可乐几乎要试着去读他的唇语了。还好，卡拉乔拉的嗓音洪亮。即便他想小声说话，都会被别人听到。

“我听着呢。”他小心地说。

“昨天，当你还在医院时，有人以你的

名义发了一些文件，包括一些**基因组**代码。请看这里！”曹经纬给他看自己的手机屏幕，“除了我，还有不少我的同事都收到了，很可能还不止这些人。”

卡拉乔拉把手机拿在手里，摘下眼镜，凑近了看。他盯着屏幕看了一会，突然说：“这太荒诞了！请销毁这些文件。这些是保密信息且未经核实。我必须要求‘免疫之星’的安保部门来调查这件事。”

曹经纬点了点头说：“这就是我想告诉你的。现在我要去参加会议了，祝你有个美好的一天！”

“也祝你有个美好的一天。”卡拉乔拉低声说。他现在看起来很不安、很警惕。

中国教授离开了餐厅。卡拉乔拉喝完了卡布奇诺，从座位上站了起来。安可乐决定要再试试运气。这次她并没有刻意隐藏，直接走向教授。她正想深呼吸一口然后问好，然而，今天早上一切都很不顺利——

“路易吉，你在那儿么？”一个女声从餐厅另一头传来，安可乐看到尚塔站在餐厅通往露台的口上。让-克洛德从尚塔背后探出头，说：“我们约了出租车，十一点来。”

卡拉乔拉看了看表，是十点差五分。

“对，你们离开前，我们得谈一谈。让我们去露台。”卡拉乔拉说。

他从安可乐身旁走过，甚至都没看她一眼，就走向了露台。透过窗户，安可乐能看到卡拉乔拉和尚塔、让-克洛德坐在远处一张桌子边，两天前卡拉乔拉就是在这张桌子边倒下的。安可乐还想继续偷听，但一切都不可能了。

“亲爱的！”一个熟悉的声音响起，“快来这里，我给你看个有趣的。”

马可叔叔突然出现，抓起安可乐的手肘，把她拉到吧台前。

“这是一只满腹经纶的猫！”他向安可乐介绍了一只黑猫。猫正坐在吧台上，喝着卡布奇诺里的奶沫。

“当心！”安可乐大声说，“它可能乳糖不耐受。”

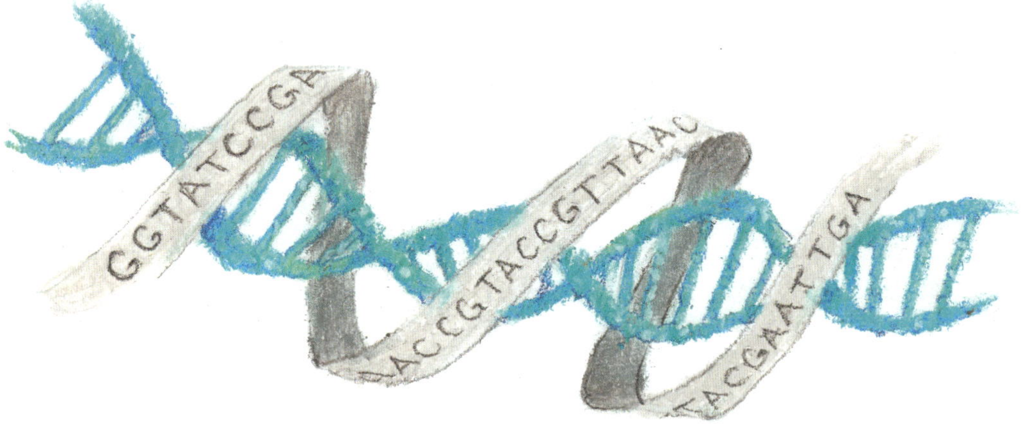

基因组

基因组是包含一个生物体生存、发育、活动和繁殖等所有生命活动所需要的全部遗传信息的整套基因。病毒的基因组代码是由几千或几万个符号组成的序列，每个符号代表一个特定的分子化合物。通过基因工程技术，可以根据基因组代码来合成病毒或病毒的片段。

“我已经受不了猫了！”马可叔叔抗议说，“这才刚转过声，他就爬上柜台喝我的卡布奇诺了。”

安可乐抚摸着这只猫，猫开始亲切地“咕噜咕噜”起来。

“它可是个真正的科学家。”马可叔叔表扬这只猫，“它对会议可熟悉了。”

“它叫什么名字?”安可乐问。

“路易吉给猫起了个名字，叫‘病毒’。多么简单利落的名字。”马可叔叔回答说。

第十四章　和“女巫”对话

安可乐终于从马可叔叔那里逃了出来，露台上的桌子边已经没有人了。卡拉乔拉、让-克洛德和尚塔都消失了。安可乐认为，自己还可以在那些可疑的免疫学家上出租车的时候侦听到一些消息，于是她在长凳子上坐下，开始整理思路。

她想：“我今天早上知道了很多。首先，偷了卡拉乔拉教授笔记本电脑的主谋，用这台电脑给某些科学家发送了储存在这台电脑上的文件。干完这件事以后，他着急扔开赃物，所以把它留在了女厕所。很明显，这不可能是我照片里那个穿着条纹T恤的年轻人干的，毕竟他昨天整天都在警察局。其次，主谋或许特别匆忙。他一开始拿了笔记本电脑，但在匆忙之间忘记了拿充电器，于是他选择再度进入教授的房间，虽然很可能被抓住。显然，他在警察离开旅馆后马上动手做了。再次，卡拉乔拉教授房间的门卡安静地躺在沙发的缝隙里，这个主谋需要几次攀爬阳台。这就缩小了嫌疑人的范围。卡拉乔拉教授的隔壁住着中国教授曹经纬、他太太、艾薇拉·塞西里迪和她的孩子帕瓦洛斯和贾尼斯。然而，可以排除曹经纬教授的嫌疑，因为他亲自给卡拉乔拉教授展示了主谋发给他的信。综上所述，最有可能的就是艾薇拉！难怪她靠近我的时候，我会感到害怕！”

就在此时，安可乐看到艾薇拉·塞西里迪穿着绿色连衣裙，戴着绿色帽子，手里拿着绿色的沙滩包。她脸上的表情再平静不过了。她走下楼梯，向海边走去。安可乐跳起身，跟了出去。五分钟后，她追上了艾薇拉。艾薇拉也没有要逃跑的意思。

“塞西里迪太太，我必须问您一些问题。”安可乐坚定地说，“不要试着杀我，我会大喊大叫，我的爸爸和马可叔叔都会从旅馆赶出来救我的，还有海滩上的其他科学家。您没别的出路了，您还是立刻承认吧。”

“我很乐意承认，”艾薇拉开心地点点头，“可是究竟要承认什么呢？”

“是您两次从阳台爬进了卡拉乔拉教授的房间，对吧？第一次偷了他的笔记本电脑，第二次偷了充电器，是这样吧？”

“真是个有趣的想法！”艾薇拉大笑，“我穿着连衣裙，怎么办到的？”

安可乐迟疑了一秒钟，她怎么就没有注意到艾薇拉总是穿着长裙子呢？安可乐怎么都不会穿这种长裙子的。

“您可以脱掉呀！”安可乐说，“或者您让您的孩子帕瓦洛斯和贾尼斯去做这件事。”

“他们都太守规矩、太无聊了。”艾薇拉摇摇头，“他们无论如何都不会愿意去爬别人阳台的。说实话，我倒是很乐意这么做，但很遗憾，我不得不告诉你，这不是我干的。”

安可乐点头说：“好吧，我知道您会否认的，但我有很多证据。”

“有趣，告诉我吧！”艾薇拉说。

“首先，您向免疫之星公司提供健康安全措施咨询服务。也就是说，如果他们的实验室有泄漏事故，您就会知道。对吧？”

“我们可以这么假设。”艾薇拉点头道。

“其次，外来者是从阳台进入教授房间的。门卡安静地躺在旅馆大堂的沙发缝隙里，我自己在那儿找到的！”

“棒极了！”艾薇拉大声说，“你简直就是一个天才侦探。”

安可乐感到骄傲，脸微微一红。

“再次，除了您之外，只有曹教授可以这么做。但有理由排除他的嫌疑：因为是他主动告诉卡拉乔拉教授有人从丢失的笔记本电脑上给他发了秘密文件。”

“最后，也就是第四点，笔记本电脑是在女厕所找到的，而您是女的！”

艾薇拉叹了一口气："对此我确实很难辩解，我也必须和你分享一些秘密信息了，所以要记得保密。"

"好的。"安可乐小心翼翼地说。

她们走向沙滩，在第一把遮阳伞下停住脚步。

艾薇拉开始讲述："事实上，免疫之星实验室确实发生了一场严重的泄漏事故。"

"那是一种新的冠状病毒株么？"安可乐问。

"你是怎么知道的？"艾薇拉用疑惑的眼神看着她。

"嗯。卡拉乔拉教授是研究合成病毒的，他的电脑上能偷取的也就是……"

"的确。这是唯一合理的推理……确实是一种新病毒株，感染力非常强，也很危险。最重要的是，我们还没能成功把这场泄漏控制在一定范围。病毒携带者从实验室直接去参加了一场婚礼，而婚礼的宾客来自世界各地。所以我们就无法寻到踪迹了。"

"那现在会暴发一场'大流行'么？"安可乐问，她感到很恐怖。

"嗯，也不一定会。"艾薇拉试图安慰她，"我们不知道病毒面对人体免疫系统会多顽强。几天后我们能确认几个个例，但从几个个例上是无法得到确切结论的，至少现在还没有人死亡。应该不会是另一场天花或淋巴腺鼠疫。"

"那这和笔记本被偷有什么关系呢？"

"我也不是非常清楚。"艾薇拉说，"可能有人认为，需要立即把这种病毒的基因密码发送给几个顶尖的实验室，以便大家动手研发疫苗。"

"是的，但是……"安可乐说得很慢，"也并没有发给所有人！比如我爸爸就什么都没收到。曹教授只说到他的一些同事收到了。"

"我不知道，真不知道了。"艾薇拉举起双手，"如果是我，你爸爸是我能想到的第一批要发的人。"

安可乐想："爸爸如果听到了，一定会

挺高兴的。”正这么想着，爸爸就出现在海滩上了。

“我还在旅馆里找你呢。你原来在海滩上。”他对安可乐说完，又和艾薇拉打招呼，“你好呀，艾薇拉！帕瓦洛斯和贾尼斯在哪儿呢?”

“当然是在参加会议了。”听起来，艾薇拉对这个问题感到惊讶。

“哦，对。我刚才还看到他们……”爸爸回想起来了，“你们要去游泳么？已经十一点了。”

“是么?”安可乐惊呆了，“对不起，我去去就回。”

她冲到楼梯口，跳过数个台阶，跑过露台，在旅馆正门看到门卫正关上门外一辆出租车的后门。安可乐冲向汽车，让-克洛德和尚塔坐在汽车后座。安可乐一边拉车门把手，一边猛敲玻璃车窗。司机和门卫都惊呆了。尚塔降下了车窗。

“小姑娘，什么事?”她问。

“我是安可乐，我们在会场见过。”安可乐自我介绍，“请告诉我，你们要去哪里?”

“去参加一个会议……你为什么会感兴趣呢?”

“因为……因为爸爸想问问您。”

“安可乐，不要编故事。”尚塔摇头，语气带点责备的意思，“我们今天和你爸爸一起吃的早饭，他非常清楚我们要去参加什么会议。”

“您对新的冠状病毒株了解多少?”安可乐脱口而出。

“你在说什么？什么新病毒株?”尚塔感到很困惑，“对不起，我们的飞机要晚点了。再见!”

她升上车窗，车开走了。

“我不该打扰他们的。”安可乐想，“如果是他们偷了笔记本电脑，并告诉全世界新的病毒株，那么尚塔至少会问问我怎么知道这件事的。另外，他们的房间也不在卡拉乔拉教授隔壁……”

她叹了口气，回到房间，换上了泳衣。

第十五章　曹太太

十分钟后，安可乐走向沙滩，在太阳椅和遮阳伞之间穿行。她走开的那阵子，已经有好些人聚拢在这里，除了艾薇拉，还有斯科特·德维尔、马可叔叔。

“奇怪了，科学家难道完全不听别人的报告的么？”安可乐偷偷寻思，“怎么感觉只有帕瓦洛斯和贾尼斯在听报告。”

她在爸爸的日光浴床边上脱了鞋，朝大海走去，海水并不比昨天暖和。

“总有一天我要去泡一泡海水，不过今天还是算了。”她做了决定，然后转过身来，环视海滩。从她站的地方能看到旅馆的侧墙、角落房间所带的阳台以及条纹遮阳帘。安可乐突然注意到二楼阳台站着一个人。

“爸爸，望远镜在身边么？”安可乐问爸爸。爸爸于是中断了和马可叔叔对于乌贼是否美味的讨论。。

“当然了，亲爱的！”爸爸从包里拿出了望远镜。

“我想看看海鸥，”安可乐撒了个谎，然后抓起望远镜，跑到了她在海边的观察点。

“如果妈妈或埃涅阿斯在这里，他们会告诉我，用双筒望远镜看别人的窗户是不对的。”安可乐自我检讨，并将望远镜指向二楼的角落阳台。

“啊哈！”她确定了坐在阳台上的穿着丝制衣服的女人是曹教授的妻子，所以卡拉乔拉教授的房间就在隔壁。

“那是什么？”安可乐注意到曹夫人正在笔记本电脑上打字：一台银色的小笔记本电脑，和被盗又找回的那台看起来一样。

“笔记本电脑，银色的，又一台？”安可乐想，“对，又来了！在隔壁房间的阳台上！曹夫人也在嫌疑人名单上，她没有不在场证明。或许是她偷走笔记本电脑，从别人的邮箱给自己的朋友和丈夫发邮件，然后把笔记本电脑留在女厕所……我必须马上仔细看看它是什么样的笔记本电脑！”安可乐做了决定。

“爸爸，我要去旅馆。”她抓起凉鞋宣布，爸爸点点头。安可乐匆匆穿过海滩，爬上露台上的楼梯（她觉得今天是第100次爬这个楼梯了），进入酒店，前往会议厅。

“会议期间，应该不会允许穿着泳装的女孩闯入会议厅。”安可乐站在会议室门旁提醒自己。她不敢再往前走，但又不想后退。最后，她屏住呼吸，轻轻拉动门把手，从门缝间溜了进去。报告人是一位胡须姜黄的老者，他在小声嘀咕着什么。听众比较稀少，最多也就二十多人。帕瓦洛斯和贾尼斯坐在房间中央的惯常座位上。这一排的其他座位都是空的。哦，运气不错！安可乐猫着腰来到贾尼斯和帕瓦洛斯旁边，对着贾尼斯耳语道：“跟我来，我急需你的帮助！”

贾尼斯吃惊地看着她，没等他回话，安可乐已经在拉他的袖子了。帕瓦洛斯跟着他们。会议室里传来窸窸窣窣的声音，听报告听得昏昏沉沉的学者开始醒来。会议主席不满地咳了一声，但安可乐和男孩们已经离开了会议室。

“你疯了吗？发生了什么？”一进旅馆大堂，贾尼斯和帕瓦洛斯就带着问题迎了上来。

“你有进自己房间的门卡吗？”她打断了他们的话。

“有的……”贾尼斯喃喃道。

“那我们走吧！”安可乐指示。

他们三个人都冲到楼梯上，然后上楼，到了右边的走廊。贾尼斯打开了他们房间的门。

“去阳台，快点！”安可乐命令，并补上一句“不要发出任何声音”。三人一起来到阳台上。这次运气还是很好！左边的阳台空无一人，而更远一点的阳台上，曹夫人还在那里，身体倾向一台银色笔记本电脑，正在兴致勃勃地打字。安可乐调整了她的双筒望远镜，看到笔记本电脑的铝盖与卡拉乔拉教授的笔记本电脑相同，都有被咬了一口的苹果标志。"有数以百万计的笔记本电脑是这样的盖子。"安可乐想。不幸的是，她无法正常看到屏幕和全部的键盘。"要是我能换个角度看就好了……"安可乐对自己说，"似乎要做到并不难！"

"在这里等着我。"安可乐对一脸迷茫的贾尼斯和帕瓦洛斯说，然后瞬间跳到了隔壁的阳台上。

曹太太抬起头。

"安可乐？"她惊讶地说，"我不知道咱们原来是邻居啊！"

"下午好，曹太太！"安可乐尽力用平静轻松的语气说，"您在用笔记本电脑么？"

"是的。我正在回复我的朋友。我在朋友圈上发了一些照片，她们都很羡慕，好多人都给我发来了消息……"

安可乐点点头："原来是这样，那我先走了……"

这一刻，她意识到不能当着曹夫人的面从一个阳台跳到另一个阳台。"如果我从卡拉乔拉教授的房间出去，应该就可以了。"安可乐这么决定，于是推开阳台的门，大胆地走进房间。

"你是谁?!"她听到一个刺耳的愤怒的声音。

她的心一沉。她原本很肯定卡拉乔拉教授此时应该在别处。然而，他却在自己的房间里。他半躺在床上，膝上放着笔记本电脑。当他看到安可乐时，猛地坐了起来。

"你到我房间里做什么？"他凶狠地问她。

"对不起，我不知道您在这里……"她喃喃道，然后意识到这不是一个好的答案。

"我想知道，你趁我不在，要在这里做什么？"

“没有什么。我们在玩，只是发生了……”她解释道。

“玩？你从阳台闯进了我的房间。你要偷东西！”

“哦不，你怎么能这么说！”她愤愤不平地说，“这是一场意外。我说，对不起，我现在可以走了吗？”

“不可能，”教授生气地说，“我要打电话给接待处并要求他们报警。你在这里等着！”

他指了指靠近书桌的椅子。

“哦，好吧！”安克乐愤怒地说，“嗯，报警吧。我会告诉他们很多有趣的事情！诸如新的冠状病毒株、免疫之星的病毒泄漏、从您的笔记本电脑发送的有关遗传密码的信息……”

卡拉乔拉瞪大了眼睛。他想说点什么，却开始咳嗽。他咳嗽的时候脸变得像甜菜根一样红。安可乐从桌上拿起一小瓶水递给他。教授喝了几口，停止了咳嗽，但又一分钟说不出话来。

“你怎么知道这一切的？”终于，他用嘶哑的声音说出话来。

“我知道得更多。”安可乐神情严肃地说，“我知道，就在遗传密码发送给一群科学家的第二天，‘免疫之星’的员工让-克洛德和尚塔·塞居尔就要去参加一个会议，想必和这有关。您早上和他们说话，说了些什么？”

“没什么……没什么重要的。这不关任何人的事……”卡拉乔拉咕哝道。

安可乐觉得，这一刻她可以得知一些重要的东西。不能让他清醒过来，不能让他恢复自制力。由于危急情况经常发生在她身上，安可乐的大脑高速运作起来，埃涅阿斯的建议突然出现在她的脑海中。埃涅阿斯最近写了什么，他们最后一次发短信……哦，是的！二十美元乘以十个亿——疫苗！

“‘免疫之星’合成了一种针对您合成的病毒的疫苗，对吗？”安可乐询问的语气像一个检察官。

卡拉乔拉没有给出任何回答，但女孩

将他的沉默解释为默认。

“如果发生大流行，这种疫苗可以赚数十亿美元，对吧？”安可乐坚持问下去。

教授继续沉默。

“但是，如果所有人都知道，大流行是由于您的实验室泄漏而开始的，事情就不妙了。也就是说，您需要让所有人都认为，病毒不是来自您的公司，而是来自其他地方。这个其他地方最好比较遥远……”

安可乐在即兴发挥，但她说话的时候，开始觉得自己可能猜对了。本来是个很大的谜题，而这些零零碎碎的元件仿佛被施了魔法，开始拼到一起。

卡拉乔拉教授继续惊恐地看着她。

“这都是胡说八道，你疯了。”他努力地吐出这几个字。

“如果这是胡说八道，那为什么要将基因组发送给其他科学家？为什么让-克洛德和尚塔会临时去参加一个会议？”安可乐坚持自己的意见，“也许，您想让其他国家的实验室开始合成这种病毒？也许尚塔和让-克洛德带着这种病毒，把它散播到人员拥挤的地方？”

“够了！”完全恢复了说话能力的卡拉乔拉吼道，“我听腻了你的胡言乱语！从我的房间出去！”

他从床上跳了起来。这一刻安可乐真的很害怕，但害怕只停留了一会儿，因为下一秒他们就听到了敲门声。

“马上开门！”她听到一个熟悉的声音。

“爸爸！”安可乐大喊一声，扑到了门口。

第十六章　在吧台

安可乐和爸爸坐在吧台边。安可乐吃完了第二杯冰激凌，爸爸喝完了第二杯卡布奇诺。幸运地从卡拉乔拉教授房间里被解救后，安可乐觉得自己有责任告诉爸爸她的调查发现。但第一件事情，就是要买冰激凌给贾尼斯和帕瓦洛斯吃。因为他们对拯救安可乐发挥了重要作用，应该得到奖励。他们几分钟内跑到海滩，找到了她的父亲，并告诉他，他的女儿遇到了困难。两个男孩很快吃完了冰激凌，去会议厅听最后一个报告了。这时，安可乐终于能够告诉她父亲自己对所发生事情的理解。她说，在她看来，"免疫之星"试图将大流行归咎于其他国家，同时从新疫苗中赚取数十亿美元。她说完，爸爸小心翼翼地说：

"我的宝贝，你的逻辑构造不乏精彩……"然后，爸爸停止不语。

"然后呢？"安可乐追问他。

"它不能解释可怜的路易吉经历的那次过敏性休克。毕竟，是马可给了他海胆，而不是让-克洛德或尚塔。我希望你不要认为马可叔叔是全球阴谋的参与者。"

"爸爸，你什么都没明白！"安可乐惊呼道。

"可能吧。"爸爸老实承认，"具体什么我没明白？"

"不存在过敏性休克，"安可乐解释说，"这是一场表演。卡拉乔拉教授本来就想让自己被送进医院，这可以为自己提供不在场的证明。"

"如果不是真的，就没有人注意到吗？"爸爸表示怀疑。

“他不必假装太久。注射肾上腺素后，他就必须清醒过来。此外，马可叔叔大惊小怪，导致没有人对卡拉乔拉教授给予足够关注，这让他有机会悄悄地将房间门卡推入沙发的缝隙。

爸爸表示同意：“如果真是如此……但，如果让-克洛德和尚塔是他的同伙，他们是如何在阳台之间来回攀爬而不被注意的？毕竟，他们的房间离路易吉的房间很远。

“太简单了，爸爸！”安可乐用夏洛克·福尔摩斯的语气说，“这家旅馆里唯一一个不得不从一个阳台跳到另一个阳台的人就是您的女儿。让-克洛德和尚塔可能有第二张门卡。”

“第二张门卡？”爸爸惊讶地说。

“当然了！你我就有两张我们房间的门卡。卡拉乔拉教授可以用某种借口，要求有两张门卡。”

“这很容易检查。”爸爸说。

“我们一定要看看！”安可乐承诺，“但首先，我们必须逮捕‘嫌疑人’。阻止让-克洛德和尚塔登上飞机尤为重要，毕竟，他们可以随身携带可怕的病毒。这就是你们所说的生物武器，您亲口告诉我的！”

“好吧，好吧。”爸爸说，“让我们从一张门卡开始。马可来了，他会帮助我们的。”

马可叔叔穿着一件印有大象和棕榈树的T恤和一条巨大的百慕大短裤，朝吧台走来。爸爸表情严肃，简单地向马可叔叔解释了事情的要旨。他一本正经地点了点头，蹙了蹙眉，穿过大堂，对站在前台后面的旅馆服务员耳语了几句。安可乐看到他们正在查看注册簿中的记录。马可叔叔拿出手机拍了张照片，和店员握手表示感谢，然后回到了酒吧。

“看。”他展示了手机上的图像，“路易吉比你早一天到，这是登记条目，只发了一张门卡，这是他的签名。”

“我不信！”安可乐惊呼。

“那你自己来读吧。”马可叔叔举起双手，“‘chiavi’就是门卡的意思。”

安可乐查看并确保在“chiavi”列中与卡拉乔拉的名字相对的是数字“1”。

“这怎么可能?”她问爸爸,“毕竟,他们不能从阳台进入他的房间。就算他早点给他们笔记本电脑,也得有人从房间里拿走充电器。谁? 怎么做到的?”

“冷静点,宝贝。”马可叔叔替父亲回答,“我们迟早会找到真相。在那之前,回答我一个重要的问题:今晚你会踢足球吗? 毕竟,我们有一场世纪大赛——病毒学家队对抗免疫学家队。”

安可乐感觉自己都要哭了。她吸了吸鼻子,没有答复马可叔叔。她对爸爸说:“我想给妈妈发消息。”

“当然,记住现在是早上七点。”爸爸警告说。可是,安可乐已经站起来了。她低着头,头也不回地朝楼梯走去。

回到房间后,安可乐扑倒在床上,想着该给母亲和埃涅阿斯发什么短信。她不想写很长,但要简短地讲述发生的一切,这很难。安可乐决定坚持提问的方式,她给妈妈发送:“商业计划进展如何?”给埃涅阿斯:“我所有的版本都崩溃了。我现在该怎么办?”埃涅阿斯立即回复:“吃饭,睡觉,慢跑。”正如人们所预料的那样,妈妈一直保持沉默,因为美国还为时过早。安可乐考虑了埃涅阿斯的建议。她拿起手机给她父亲发了短信,这种情况很少发生:“告诉马可叔叔,我会为免疫学家队踢球。我们要买足球服和运动鞋!”

第十七章 疫苗

安可乐不懂怎么踢足球，但她曲棍球打得很好。曲棍球是用球棍把球击入对方球门，和足球一样需要团队配合。有了这点底气，她告诉她的父亲，她希望自己能够胜任中场的位置，前提是无须经常触球。

爸爸和安可乐打车去了体育用品店。路上，爸爸问安可乐他是否也应该参加足球比赛。

“别想了。”安可乐回答，“您做观察员能发挥更多作用。”

经过长时间的试穿，安可乐买了一套红蓝条纹的球衣，还有一双看起来有点吓人的黄色球鞋。安可乐把采购所得拍了照片，发送给妈妈。她立即就收到了回复：“买这个，是在做慈善还是为了吓跑乌鸦？”安可乐解释说：“我将在免疫学家队中担任中场球员。”妈妈回短信说：“拜托，不要用头去顶球。”安可乐承诺：“我不会的。”

爸爸宣布该吃饭了，安可乐告诉他吃饱去踢足球不好，但后来她同意吃一片比萨。于是，他们去了第一天晚上去的那家比萨店。

“疫苗是由什么制成的？”他们点完菜后，安可乐立即开始问父亲。

“我来告诉你吧。”爸爸热情地说，“1796年5月14日，英国医生爱德华·詹纳(Edward Jenner)刮掉了挤奶女工莎拉·内尔姆斯(Sarah Nelms)手上的囊泡脓液。这位挤奶女工从一头名叫花苞的母牛身上感染了牛痘。医生由此获得了疫苗并涂抹在他家园丁8岁儿子詹姆斯·菲普斯手上划伤的伤口处。这就是世界上第一次接种天花疫苗。‘花苞’的牛皮如今陈列在伦敦圣乔治医学院墙上，作为装饰。”

“爸爸，”安可乐从中打断，“我问的不是牛皮挂在哪里，我问的是疫苗是用什么制成的。”

爸爸表示反对：“别着急啊，宝贝，我会一一讲到的。”

安可乐叹了口气，做好了聆听一场长篇大论的心理准备。

“那么，詹纳医生给男孩菲普斯接种了什么疫苗？”爸爸自问自答，“是牛痘病毒。这种病毒对人来说不危险，而且又被挤奶女工莎拉强大的免疫系统‘肢解’得七零八落，所以可以当疫苗了！在那之后，詹纳做了二十多次尝试，想让菲普斯再次感染天花病毒，但男孩已刀枪不入，因为他的免疫系统已经产生了抗体。这是人类第一次应用这种原理，到现在还是所有疫苗接种的根本原理。请注意，这一原理和一千年前在中国和印度使用的接种有所不同。疫苗接种其实并不接种我们想要抵抗的病毒或细菌，而是接种类似的东西。”

“可怜的菲普斯！”安可乐开始同情这个园丁的儿子，“詹纳就不能在自己身上做实验么？”

“不行。他已经对天花病毒有了免疫力。”爸爸解释说。

安可乐总结：“所以，为了进行疫苗接种，比如说，针对冠状病毒，你只需要找到其他类似但危险性较小的病毒，然后用它感染所有人？”

“是的，有时会这样做。”爸爸说，“你刚才说的叫活疫苗。通过这种方式，健康人被注射了可能导致疾病的弱化病毒或细菌菌株，这只是以更温和的形式。不幸的是，病毒总是存在变异并快速复制的可能性，从而造成危险。”

“这是不是说，给人注射一种不能复制的病毒会更好？”安可乐猜想，“可这又要怎么做到呢？”

“没错。”爸爸点点头，“现代疫苗的原则是，使用无法繁殖的灭活微生物或病毒。还有的是通过基因工程方法合成的真实病毒片段或单个病毒蛋白。当身体被注射了疫苗，免疫系统就会去学习如何破坏这些病毒。当需要面对完整的病毒时，免疫系统就能通过攻击其中一些组件来中和病毒。”

“我明白了。”安可乐说，“既然‘免疫之星’合成了这种新病毒，他们的科学家就很容易合成一种针对它的疫苗。我们请卡拉乔拉教授立即将这种疫苗投入生产吧。只有这样，才可能在一两个月后开始全球疫苗接种，预防大流行！”

爸爸摇摇头：“不幸的是，未经认证的药物是不被允许用来疫苗接种的。只有通过三个阶段的临床试验，疫苗才能获得认证。临床试验最少需要几个月的时间。这会涉及数千人，而且为了评估疫苗的有效性和安全性，接种过疫苗的和未接种疫苗的对照组，都必须面临被真正感染的风险。”

“也就是说，他们会像詹纳医生和菲普斯一样去特意接触病毒？”安可乐惊讶地说。

“通常，此类测试是在感染非常严重的国家进行。”爸爸解释说，“他们给志愿者注射的也许是疫苗，也许只是无用的安慰剂。志愿者不知道自己接种的是疫苗还是安慰剂，只有进行临床试验的科学家才有此信息。过一段时间，他们会计算接种疫苗的人和接受安慰剂的人的病例数量。例如，第一组有十人感染，第二组有一百人。这意味着疫苗的有效性是百分之九十。”

“真的没可能跳开这么烦人的程序么？”安可乐愤愤不平，“毕竟，在他们忙着计算的时候，又可能有上万人死亡。”

“法律就是法律。”爸爸叹气说，“在为数百万人接种疫苗之前，需要确保这种疫苗利大于弊。”

“明白了。”安可乐吞下了最后一口比萨，为本次讨论收了尾，“爸，该走了！请点咖啡并结账吧。”

在他们离开比萨店时，安可乐想起来问：“对了，让-克洛德和尚塔去参加什么会议？

“‘人类健康与医学工程’。”爸爸回答。

马可
免疫学家队

第十八章　足球赛

足球赛在小型体育场进行，这个体育场坐落在山和海之间。病毒学家队队长路易吉·卡拉乔拉把大家领到球场。安可乐惊讶的是，他还带来了一个巨大的塑料笼子，黑猫"病毒"就坐在里面。显然，这只猫是球队的吉祥物。在所有人的掌声中，"病毒"被带出笼子，请帕瓦洛斯和贾尼斯暂为照看。

免疫学家队由马可叔叔领导。比赛开始前，他让队友们排好队，并简短地说了一段话。

"每个人都应该在最有利于球队的位置上踢球，"他解释道，"我们安排最高大的科学家来防守。"说完这句话，他把安可乐早上在会议室看到的那个梅红色胡子男人，以及三个同样丰腴的免疫学家拉到一边。

"你们必须像一堵活动的墙，挡住对方的前锋。"马可叔叔安排了任务。然后他把四名研究生组成一组，并解释说："年轻人会进攻，他们将摧毁病毒学家队的防御并进球。"

马可叔叔让研究生花些时间理解自己被分配的任务，继续说道："我们战术阵形的核心是那条中场线。这里只有两个球员，但都是好样的！"

众人饶有兴致地看着剩下的两名选手，他们是斯科特·德维尔和安可乐。

"安可乐跑得比任何人都快，"马可叔叔解释道，然后对安可乐说，"宝贝，你的任务是来回奔跑，从场地的一端到另一端，或者跑对角线，或者跑圈圈，爱怎么跑就怎么跑。这会激怒对手，他们中跑步最厉害的就会跟着你，害怕你接到球后会像流星一样冲向球门。要追着你跑，他们中就有一个人会远离斯科特。斯科特，过来！”

斯科特朝马可叔叔走去。

“斯科特是我们队的大脑！”马可叔叔说，“他不需要怎么跑动。整场比赛，他就待在场的中央环以内。其他人拿到球以后就传给斯科特，斯科特会来一记完美的传球，给你们一个射门的好位置。斯科特，你听懂了么？”

“是，队长！”斯科特回答。

“最后一点，我会在球门守着。如果路易吉踢进了球，你们就会看到一场战斗。我不知道我们之中谁会幸存，但记住了，即便我们中的谁被抬下场，比赛不能断！”

队长的动员讲话结束后，免疫学家队和病毒学家队都在场地上找到了自己的位置。他们以穿着粉红运动服的艾薇拉·塞西里迪为参考点。她拿着一个裁判的大哨子坐立不安，想知道该往哪边吹。终于，艾薇拉想明白了，用力吹了声口哨。比赛开始了。

从比赛的第一分钟起，马可叔叔提出的计划就很明显行不通。两个队的科学家混在一起。球场中央的斯科特，被整一队的病毒学家包围了。他们都想把球抢走，还好斯科特非常专业地用身体护球，一直背对最接近他的对手。很快，免疫学家队的后卫和前锋纷纷伸出援手，突然进入病毒学家的人群中，试图将他们从球那儿挤开。只有安可乐和马可叔叔按照计划行事。安可乐在场地边缘跑了一圈。马可叔叔站在球门柱前，不时用充满活力的感叹声为队友加油。

斯科特最终还是丢球了。路易吉·卡拉乔拉在免疫学家的防守中发现了漏洞，与斯科特进行一对一的对抗，并将球拦截。

“停止！别动！”马可叔叔对他喊道。路易吉真的停了片刻，然后瞄准并踢球。马可叔叔跳了起来，但球在他的肩膀附近呼啸而过，最终冲进了球门。

“没关系!”马可叔叔向队友保证,“我们的战术一定会成功,你们就看着吧!”

斯科特把球从场中心带了出来,没有犹豫,直接跑去射门。病毒学家队的守门员曹经纬正在手机上查什么东西,球就从他身边飞过,落在球门内的一个角落。

“干得好!”马可叔叔喊道,“冲啊,免疫学家!‘病毒’正在撤退!”

上半场结束,病毒学家队和免疫学家队的比分是5:4。裁判哨响后,科学家们来到一张长桌前,这张长桌是赛前从酒店运到场馆的。比赛还在进行的时候,三个服务员将盘子和玻璃杯摆上桌子。桌子上出现了不知从何处来的橄榄、意式薄饼、意大利腊肠、马苏里拉奶酪、洋蓟和葡萄酒。参加比赛的人——斯科特、路易吉、马可叔叔——各自喝光了几杯,同时就比赛过程交换了有趣的评论。安可乐喝了一杯果汁,并在附近找了一个地方,这样她就可以听他们的谈话了。其中一个评论对她来说似乎很有趣。

艾薇拉走到那群人面前,问道:“斯科特,你也买了股票吗?”

“我买了一些,但你不能使用内幕消息。”斯科特回答。

“我没有。此外,我没有多余的资金。你已经赚了多少了?”艾薇拉继续试探。

“今天是15%。”斯科特看了一眼手机,回复道。

艾薇拉满意又责备地说道,“你看,你这么狡猾。你拿瘟疫的言论吓坏了所有人,掉到海里,又在**证券交易所**买了股票!”

“如果这里有人狡猾,那也不是我。”

“那是谁?”艾薇拉产生了兴趣。

“这里有一个海胆爱好者……”但此时,马可叔叔开始鼓掌,这意味着半场结束,大家需要重回球场。

安可乐拿出手机,给她妈妈发了条短信:“查看‘免疫之星’的股价。”答案马上就来了:“15%的涨幅。他们已有潜在的投资者。”

下半场慢慢开始。在休息期间吃了一

证券交易所

证券交易所是提供债券和股票交易的金融机构。在疾病大流行期间，有好消息的制药公司的股价容易上涨。

顿丰盛的饭后，科学家们不想跑得太快。安可乐站在球场边缘想着‘免疫之星’的股份，这时有人送来的球滚到了她的脚边。安可乐惊讶地环顾四周。

“往前跑！”马可叔叔喊道，“球门是空的！”

的确，曹经纬还没有回到球场，病毒学家队的球门前没有人。安可乐按照指示带球跑向对方球门。

“安可乐，安可乐！”爸爸、贾尼斯、帕瓦洛斯大喊，他们都支持免疫学家队。

当她非常接近球门时，卡拉乔拉教授突然从侧面拦截过来，将球夺走。

“啊！”女孩生气了，追着他跑。卡拉乔拉躲开了一名试图挡路的研究生，冲向了马可叔叔的球门。安可乐紧跟着他。斯科特冲过来挡住了卡拉乔拉的右路。

“当心！”马可叔叔喊道，跑出了禁区。

卡拉乔拉试图让球越过马可叔叔头顶进球。斯科特试图从他脚下截球。马可叔叔试图用手去抢球。安可乐试图跳开免得挡路，但为时已晚。一连串碰撞的结果是女孩的下巴受到了重创，她倒在地上，一直没能够到球的马可叔叔倒在她身上。安可乐一阵眩晕，她感觉自己好像掉进了一口井里。

第十九章　在医院

安可乐睡着了。她梦到贾尼斯和帕瓦洛斯来探望自己,她给他们看了自己的猫。

“猫真美,”贾尼斯称赞甜甜圈,“它可以喝牛奶么?”

“我们从来没有试过。”爸爸加入了对话,“事实上,有一次它爬上桌子,从罐子里吃掉了不少酸奶酪,吃完以后也没什么不对劲。”

“我就不抱它了,万一我得了冠状病毒呢? 我可不想让甜甜圈感染上。”帕瓦洛斯警觉地说。

就在这时,甜甜圈开始咳嗽。它咳了好长时间,停不下来。安可乐意识到,或许它已经被感染了。

“爸爸,我们需要给甜甜圈也注射疫苗。”她喊道。

就在此时,安可乐醒了过来。她发现自己没躺在地上,而是躺在一个陌生房间的床上。她坐了起来,尝试看看周围,但脖子很痛,还戴着一个让人不舒服的颈托。床边有一个轮椅,爸爸正坐在上面睡觉。一会儿之后,安可乐在睡衣里找到了自己的手机。她发现自己睡着的期间,错过了二十多条短信。有三条短信是妈妈发来的:“你醒来后,别扭脖子。”“让爸爸把新睡衣给你。”“我明天晚上到。”有三条短信是埃涅阿斯发来的,有一条是:“我后天到。争取到时候就能康复啊!”还有马可叔叔发来的:“宝贝,你怎么样了? 保护好你的脖子! 我好羞愧。需要我带什么给你?”还有很多熟人朋友发来的祝福短信。

安可乐整理了一下自己的思绪,开始

一一回复。她回复妈妈:“爸爸在轮椅上睡着了。我感觉不错。甜甜圈还好么?”她回复埃涅阿斯:“我已经康复了。你比赛如何?”她回复马可叔叔:“谢谢您,马可叔叔!请问问旅馆,卡拉乔拉教授是不是在海胆事件发生之前,就报告丢门卡了。还有,他的猫笼一般放在哪里?”

然后,她开始分析形势,制订了一份行动计划:“手机显示现在是早上六点。我们不在旅馆,所以我们应该是在医院。今天安排的是埃特纳山之旅。马可叔叔或许出发前会过来。爸爸也能帮上忙,我可以让他再睡上半小时,然后我必须叫醒他。哦,我自己也得洗漱一下。”

安可乐悄悄下床,走进卫生间,刷了牙,编了辫子。她的脖子还是疼,不过好很多了。她回到房间,又看了手机。妈妈和埃涅阿斯都回复了。妈妈说:“甜甜圈变胖了。你别脱颈托。我现在正在飞机上。”说来也巧,安可乐正想着脱颈托,戴着它没法转头。看了妈妈的短信,她只好叹了口气,不去管颈托,开始读埃涅阿斯的短信:“我没通过资格赛,现在完全自由了。”

安可乐很高兴:马上就能团聚了。这次旅行终于像个家庭度假了。这场球赛值了!

爸爸扭了扭身子,睁开了眼。他一看床上没了安可乐,就跳了起来,像一只被烫到的猫。

“早上好,爸爸!我好着呢。”安可乐让爸爸安心,“请告诉我,曹经纬教授昨天后半场在干什么?他因为一些原因,没在守球门。”

“你确定没事么?会感到头晕么?最好还是躺下来。”爸爸说。

安可乐努力不让爸爸把话题扯开:“我不头晕,我也不需要躺着。所以,曹经纬教授昨天到底在干吗?”

“他当时在打电话,对方似乎是美国证券交易所。我只听到前面一些对话,然后他就走开了。”

“他们似乎都在买‘免疫之星’的股

票。”安可乐点点头说，“卡拉乔拉教授吃了海胆，也不是白吃的。”

“听着，你脑震荡了，虽然不严重，但脖子这里的骨头几乎错位了。或许你还是躺下来比较好。”爸爸又开始担心了。

“那马可叔叔的伤呢？”她用一个问题做了回答。

“只是一些擦伤，你的球鞋碰到了他的头。斯考特的膝盖伤得不轻，路易吉的牙托坏了。”

“活该！”安可乐幸灾乐祸了起来。

这时候响起了敲门声。护士进来了，向他俩问候。护士测了安可乐的体温，并说早饭过二十分钟送来。护士刚走，马可叔叔就进来了。他戴着有帽檐的帽子，安可乐猜这是马可叔叔想遮住自己秃头上的伤疤。马可叔叔带了一盒西西里奶油甜馅煎饼卷，外头是脆皮，里面有甜馅。

爸爸前一天晚上起就没吃东西，于是咬了一大口煎饼卷。安可乐问：“马可叔叔，您早上收到我的短信了么？”

“当然了！”马可叔叔大声说，“任务我都完成了。路易吉宣称自己掉了门卡，入住旅馆当天就重新要了一张门卡。此外，他的猫笼一直放在自己的房间里。”

“我在那里没看到……”安可乐喃喃自语，然后她逐渐想明白了。

“马可叔叔，我们需要做一个探究实验。”她果断地说。

“好主意！”马可叔叔高兴地说，“什么实验？”

“我希望您再给卡拉乔拉教授一个海胆，但必须是在他不知情的情况下。”

马可叔叔疑惑地看着安可乐，说道：“宝贝，这个想法是很有趣，但你怎么想出来的？海胆太容易识别了，怎么可能不知情地吃下去？”

“简单，马可叔叔，给他一盘带海胆酱汁的意面。爸爸说它很可口的。”安可乐让马可叔叔放宽心。

爸爸在一旁点头，表示同意。

马可叔叔想了想，说：“那……要是他

再昏迷一次怎么办?”

“我都考虑到了。”安可乐自信地说,“爸爸带着肾上腺素笔,能防止过敏性休克。这是妈妈让他带上的,因为我也有过敏史。您和爸爸现在去和其他教授一起旅行,途中很可能会在某个餐馆停留吃中饭,这时候,您把服务员叫到一边,请他给你这一桌上海胆意面。与此同时,爸爸可以和卡拉乔拉教授讨论一些西西里的历史等话题。如果卡拉乔拉教授问意面里有什么,你俩就说,这是一种蘑菇,带点胡萝卜……总之,编点瞎话!”

“等等……”爸爸来了精神,“事实上,确实有一种罕见的羊肚菌长在埃特纳山的山坡上。它倒是不和胡萝卜一起做酱汁,而是……”

“布拉塔!新鲜的布拉塔奶酪。”马可叔叔提示说。

“好了,那就太棒了!”安可乐点点头,“如果他吃了意面,还挺健康,那我们就明白他是个骗子。但如果他其实是个诚实的人,爸爸就拿肾上腺素笔救他的过敏性休克。”

爸爸和马可叔叔互相看了看。

“莎士比亚会把你的计划起名为‘捕鼠器’。”爸爸说。

“不过,如果我们被关起来了。你得带橘子给我们。”马可叔叔继续说。

第二十章　短途旅行

医生说，如果安可乐自己感觉没问题，晚饭前就可以出院。妈妈应该是当天下午五点到。安可乐向爸爸保证，她会好好睡觉和读书，等妈妈到了出院。

爸爸抱怨说，要离开自己生病的女儿，他的心就像在被什么东西啃一样。他试着说服安可乐，马可叔叔可以独立完成这一任务，但安可乐很坚持："您必须根据计划来行事，否则就不对了。"她说得这么决然，爸爸只好出行了。医院病房再次安静了下来。

安可乐从房间的一角走到另一角，看看窗外。她躺在床上，电视机开了又关。妈妈和埃涅阿斯都在飞机上了，所以发短信给他们毫无意义。安可乐想尝试睡觉，但一点都睡不着，最后，她开始头痛。

"这可不成。"安可乐对自己说，"再这样下去，妈妈到的时候，我已经进**重症监护室**了。我得干点有用的事！"

她决定发短信给警官，但她不知道警官的手机号码，所以她就把短信发给了马可叔叔。这条短信还挺长的，她是这么写的：

"马可叔叔，如果我们的实验成功了，请将这条短信转发给警官。

"尊敬的警官，您已经成为一个明目张胆的骗局的受害者。您帮助过路易吉·卡拉乔拉寻找笔记本电脑，但其实他根本没有弄丢过它。他自己亲手把电脑、房间的门卡，笼子里的猫给了他的同伙让-克洛德和尚塔·塞居尔。然后，他假装过敏性休克，这样就有了不在场证明。他在医院的

重症监护室

重症监护室是医院里专门收治危重病患，并给予精心监测和精确治疗的场所，医生会以最大限度确保病人的生存及随后的治疗质量。

时候，让-克洛德和尚塔·塞居尔从他的电脑上给其他国家的一些科学家发了电子邮件。这些邮件里包含了由免疫之星公司合成的危险病毒的遗传密码。由于实验室泄漏事故，很多人可能已经感染上了这种病毒。发这些邮件，就是为了让有能力的实验室加紧研制疫苗。发完邮件以后，尚塔把笔记本电脑放在了旅馆一楼的女卫生间，笔记本被清洁人员找了回来。当路易吉·卡拉乔拉回到旅馆，让-克洛德和尚塔·塞居尔把猫笼子和笔记本充电器还给了他，然后他们坐飞机离开。他们或许现在正在触发一场冠状病毒的大流行。与此同时，'免疫之星'的实验室已经开始研发对抗这种冠状病毒的疫苗，对抗他们自己合成的病毒。如果有了大流行，这种疫苗就会带来亿万美元的收益。如果您问我是否有证据，那么到今天为止，我只有一些周边的证据：充电器消失、猫笼子出现在路易吉·卡拉乔拉的房间里——这是我在他住院时到他房间里发现的；旅馆记录本记录他丢了一张门卡又要了第二张；'免疫之星'股价快速上涨，出现潜在投资人……我意识到，法庭需要直接证据，因此我开展了一些小型调研实验。我的助手今天已经证明，路易吉·卡拉乔拉对海胆并不过敏。所以，他只是伪装了一次过敏性休克！这就证明了他毫无疑问是有罪的。恳请您立即以组织国际犯罪团伙、试图使用生物武器、商业诈骗等罪名逮捕他。

"此外，如果逮捕路易吉·卡拉乔拉，我会照顾他那只叫'病毒'的猫，除非贾尼斯和帕瓦洛斯愿意收留它。"

安可乐又读了一遍这条短信，满意地点了点头，然后把它发给马可叔叔。这时，她听到了从走廊传来的脚步声。护士带来了中饭。安可乐很高兴——终于有点事情做了。她把意大利蔬菜汤几乎吃了个底朝天，还吃了些鸡肉烩饭，喝了一杯水。然后，她把餐盘放到床边的桌子上，对饱餐一顿感到满意，头慢慢地落入枕头。这一次，她终于睡着了。

在梦中，安可乐看到一架大飞机。妈妈斜倚在公务舱座椅上，看着大屏幕上播放的电影。过道对面的椅子上坐着一个很眼熟的女士，她正在翻阅一本杂志。突然，女人放下杂志，看着妈妈。安可乐认出了她——那是尚塔·塞居尔。安可乐立刻觉察到了危险，她想警告她的母亲，但在睡梦中，她一句话也说不出来。与此同时，尚塔问她的妈妈：

“告诉我，在你看来，‘免疫之星’的股价会持续上涨多久？”

“我不知道，”妈妈说，“这取决于投资者，以及大流行的情况将如何发展。”

“说到投资人，沟通很彻底了。”尚塔笑道，“说到大流行，一切都在按计划进行。”

让-克洛德出现在椅子间的过道里。他端着一个托盘，里面装着三种五颜六色的鸡尾酒。

“请随意取用！”他递给妈妈一杯蓝色鸡尾酒。

“妈妈，别喝！里面有病毒！”安可乐想尖叫，但她的母亲没有听到她的声音。她把酒杯举到唇边，抿了一口。

安可乐醒了。她的心在狂跳。

“冷静点，”她说，“这里的一切也都在按照计划进行。”

又躺了一会儿，安可乐觉得无聊，就下了床。妈妈的飞机还要一个小时才能降落。安可乐开始在房间里踱步，从一个角落到另一个角落走了十几次。她开始思考：“路易吉·卡拉乔拉在住院期间晒日光浴的那个带摇椅的阳台在哪里？”由于她的房间没有通往阳台的出口，安可乐决定顺着走廊寻找。她小心翼翼地推开门，蹑手蹑脚地走出房间，生怕医护人员看到她乱走会生气。然而，走廊上空无一人。安可乐走到走廊尽头，发现了一扇半关着的门，明亮的日光从门下透进来。当她推开门时，她看到一个阳光明媚的大理石瓷砖露台，露台上空无一人。安可乐呼吸着新鲜的空气，充满了海洋、咖啡和橙子的香气。走近铸铁栏杆，她看到下面有一条街道，沿着斜坡陡峭地向下延伸。几排屋顶后面耸立着他们住的旅馆,远处是海滩。

“看来我还是需要到海里游一次泳!”安可乐决定,“或许明天,等埃涅阿斯到了再说。”

口袋里的手机发出了声响,她收到了两条短信。其中一条来自马可叔叔:“我转发了那条短信。我们不得不推迟实验,我们正在回去的路上。”另一条短信来自爸爸:“我们刚从埃特纳火山下来。没有信号,我不能早点发短信。路易吉不在旅行团中,从早上起,就没有人见过他了。”

“什么!”安可乐惊叫,“他现在去了哪儿?”

就在这时,从走廊通往露台的门吱吱作响。安可乐转过身,惊恐到全身僵住:路易吉·卡拉乔拉正站在她面前。

第二十一章　传递信息

安可乐警告说："如果你再靠近一点，我会大喊到整个城镇都听到。"她走到栏杆前，试图评估她从屋顶逃跑的机会。不幸的是，她戴着医用颈托，脖子几乎不能转动，她也害怕将视线从卡拉乔拉教授身上移开。

"枪就算装着消音器也没用。"她继续勇敢地说，"我会掉下去，人群会骚动，反正你会被抓的。因此，我建议：把你的武器放在地板上，举起双手等待。我会告诉你下一步该怎么做。"

安可乐知道自己完全是在胡说八道，但她想争取一些时间，也许妈妈就能赶到医院。

与此同时，卡拉乔拉教授从口袋里掏出一部手机，这根本不是一把枪。看着屏幕，他读道：

"尊敬的警官，您已经成为一个明目张胆的骗局的受害者。您帮助过路易吉·卡拉乔拉寻找笔记本电脑，但其实……"

安可乐完全蒙了："马可叔叔是叛徒吗？还是他只是弄错了，没有将她的短信转发给警官，而是将其发送给了罪犯？"

"这是你写的吗？"卡拉乔拉教授半信半疑地问。

"是的！"安可乐的回答带着挑衅，"马可叔叔应该把消息发给警官，而不是发给你。"

卡拉乔拉教授大声称赞道："写得好！写得很有逻辑，你热切希望我的猫由你来照顾这一部分，我尤其喜欢。"

"你要干什么？你为什么来这里？"安

可乐焦急地问。

“我是来给你带另一个消息的，请看。”卡拉乔拉教授平静地回答。

他递给安可乐一个没写地址的白色信封。女孩小心翼翼地接过信，她的脑海中闪过一个想法：“这是毒药么？也许我不该打开它。另一方面，如果他想杀我，或许会用一种更简单的手法。”最终，她没忍住好奇心，打开了信封。里面只有一张纸，纸上出现了整洁而熟悉的字：

“路易吉是‘马戏团’的一员。他做的每一件事，都是出自我的命令。C。”

安可乐默默地看着路易吉·卡拉乔拉。

“**阿邦古**向你问好。”他笑着说。

阿邦古是安可乐的同学。去年，多亏了阿邦古，安可乐接触了著名的英国特工机构“马戏团(Circus)”。该机构的负责人在信件上只用一个字母“C”作为签字。但是现在……这几天来有无数次，安可乐觉得自己什么都不懂了：“卡拉乔拉教授是‘马戏团’的一员吗？大流行病、冠状病毒、遗传密码——它们会发生吗？”她茫然地看着卡拉乔拉教授。

“到时候我会把一切告诉你，我会回答你所有的问题。”他承诺，“但现在，我需要去机场。我在西西里待的时间超过了预期。不过，在我走之前，有件事要请求你。”

“什么？”安可乐疑惑地问道。

“不要告诉任何人关于马可的事，好吗？”

“好吧。”她承诺。安可乐想着：“所以，马可叔叔也是‘马戏团’的成员。有点奇怪，不是吗？”

安可乐已经不在医院里了。所以爸爸坐上出租车，从医院赶往旅馆。安可乐正和妈妈坐在旅馆的露台上，喝着一杯无酒精的莫吉托。

“亲爱的，”妈妈不太满意地说，“三天前，你的孩子还健健康康的。你许诺不会整天开会，会照顾我们的孩子。结果却是：孩子伤了脖子住了院，爸爸去旅行了。”

“有时候，还真不走运呀。”爸爸无可奈

阿邦古

阿邦古是上一个关于安可乐的故事《安可乐和量子计算机》中的人物。安可乐和阿邦古是一所英国女子寄宿学校的寝室室友。她们卷入了一个错综复杂的事件，在试图帮助阿邦古的过程中，安可乐熟悉了著名的英国特勤局军情六处的工作方式。

何地说。

马可叔叔的出现，让大家都轻松了起来。他给了安可乐的妈妈一束玉兰花，对安可乐摆出一张间谍脸。这下，安可乐完全不再怀疑他是“马戏团”的一员了。

科学家们纷纷离开。斯科特坐了卡拉乔拉教授之后的一班飞机。他走过来道别，脚有点跛，他说：

“不知道下次见面是什么时候，但我会一直记着这一次的。”

“别难过，朋友！”马可叔叔安慰他，“下一次，我们可以搞你的另一个膝盖，这样就对称了。”

曹经纬跟在斯科特后面走来。他和安可乐爸爸握了手，并在她妈妈面前做了正式的自我介绍，还出乎意料地送给安可乐一个美丽的陶瓷保温杯。他的太太征求大家同意，想给大家拍一张照片，结果马可叔叔让科学家们排好位置，让她也坐下，把手机递给服务员。他们为了纪念这一刻，拍下了不少精彩的照片。

最后走来的是艾薇拉和她的两个儿子。她穿着象牙白的旅行装，戴着一顶草帽。贾尼斯和帕瓦洛斯在她身后，各拖着一个大大的行李箱。安可乐想：“这么多连衣裙和帽子就是放在这两个箱子里了。”

“好了，要分别了！”艾薇拉叹气说，“我们要飞很长时间，孩子们也不想错过学校的课。”

“正好相反，我们决定让安可乐向学校请假几天。”爸爸说，“她可是上了颈托的……”

“我可羡慕你了！”艾薇拉对安可乐说，“倒不是因为你的伤病脖子，而是你能延长的假期。谁知道我什么时候能再到这里来……”

“帕瓦洛斯、贾尼斯，你们在美国有宠物么？”安可乐问。

“有的。”帕瓦洛斯回答道，“我们有一只仓鼠。我们不在的时候，爸爸会喂养它。”

“那谁来喂你的爸爸？”马可叔叔问，但

没有人回答他这个问题。

和大家说完再见,安可乐和爸爸妈妈决定沿着海边散个步。晴朗的黑夜,空中星星闪烁,月光在平静的水面铺了一层银光。这是一个温暖而安静的夜晚。

“妈妈,我能把这个颈托拿掉么?”安可乐问。

“拿掉吧,但别扭脖子。”妈妈说。

“甜心,你后悔来西西里了么?”爸爸焦虑地问。

安可乐思考了一会儿后说:“不,我不后悔。”然后她有了艾薇拉和斯科特的同感,“再说,谁知道下一次我们什么时候能再来这里呢。”

安可乐简介

本书的主角是一位勇敢的红发姑娘,她的名字叫“安可乐”,来自一个英国家庭。

在《安可乐和职业赛车》里,她12岁,她参与了一场关于职业赛车的冒险。对了,她的哥哥是一位真正的职业赛车手。

到了《安可乐和量子计算机》,安可乐又长了一岁,13岁了。她的父母正在办理离婚,所以她被送往一个私立女子寄宿学校。在那里,她参与了一场有关密码、量子计算机、国际恐怖组织的冒险。

《安可乐和致命病毒》里,安可乐14岁了。她陪同爸爸到意大利西西里岛参与免疫学大会。在此期间,她积极调查了一个事关全世界的“阴谋”。

安可乐是她的中文名字,她的原名是“Acronis”,这个名字的灵感来源于一家维护用户数据安全的企业“Acronis”。还记得么?赢得一场赛车比赛需要从几百辆赛车的传感器中收集数据,这些数据会被保存在网络云盘中,网络安全传输数据需要用到密码技术,这些正是数据安全的领域。Acronis公司于2018年成立了Acronis网络基金会,并启动多个教育项目:在欠发达地区新建学校,资助学校、研究项目、培训项目。

图书在版编目（CIP）数据

安可乐和致命病毒 / (法) 阿列克谢·卡沃金 (Alexey Kavokin) 著 ; 几只青椒译. -- 杭州 : 浙江教育出版社, 2022.10
ISBN 978-7-5722-4525-1

Ⅰ. ①安… Ⅱ. ①阿… ②几… Ⅲ. ①儿童小说－长篇小说－法国－现代 Ⅳ. ①I565.84

中国版本图书馆CIP数据核字(2022)第188798号

安可乐和致命病毒 ANKELE HE ZHIMING BINGDU

[法]阿列克谢·卡沃金(Alexey Kavokin)/著　几只青椒/译

责任编辑	陈德元
美术编辑	曾国兴
责任校对	鲁　庚
责任印务	沈久凌
出版发行	浙江教育出版社 (杭州市天目山路40号　电话:0571-85170300-80928)
激光照排	杭州兴邦电子印务有限公司
印　刷	杭州日报报业集团盛元印务有限公司
开　本	889mm×1194mm　1/20
印　张	6.4
字　数	128 000
版　次	2022年10月第1版
印　次	2022年10月第1次印刷
标准书号	ISBN 978-7-5722-4525-1
定　价	19.80元